원하는 삶을 사는 여성의 7가지 비밀

배금진 지음
권대욱·홍성란·최재희 추천

중앙경제평론사

프롤로그

자신을 믿고 열정을 가지고 도전하라

2018년 세계적인 투자의 귀재 짐 로저스 회장은 "우리 생애 최악의 경제 위기가 온다"고 경고했다. 그는 워런 버핏, 조지 소로스와 함께 세계 3대 투자가로 꼽힌다. 대외 의존도가 높은 한국 경제는 세계 경제와 밀접하게 관련되어 있고 영향을 받을 수밖에 없다. 한국경제연구원은 2019년 경제성장률을 2.6%로 낮게 전망했는데 이것은 세계 경제 위기와 연관이 있다. 국내 상황도 마찬가지여서 저성장, 물가 인상, 금리 인상, 고용 불안 등으로 가정마다 경제 문제로 고민하고 있다.

2015년 통계청이 조사한 4인 가족 월평균 생활비는 490만 원이다. 2018년에는 500만 원이 넘었다. 이제 남편의 고정적인 수입만으로 안정적인 가정생활을 유지하기에는 한계가 있다. 소득 3만 불 시대에 진입하면서 여성들도 경제 활동을 해야만 하는 것이 현실이 되었다.

2019년 3월 5일 한국은행 발표에 의하면 이미 우리나라는 1인당 국민총소득(GNI : Gross National Income) 3만 불 시대에 진입했다. 이제 우리나라도 선진국처럼 여성의 경제 참여를 통해서 경제성장률을 높이는 정책으로 변화해야 한다. 더 이상 육아나 교육이 가정의 문제로 머물러서는 안 되며, 정부가 적극적으로 정책에 반영해 나가야 한다. 이것은 이미 선진국에서 소득 3만 불이 되는 시점에 여성의 사회 진출을 높인 정책 변화의 사례에서도 알 수 있다.

이런 경제 환경의 변화는 여성에게 기회의 문을 열어준다. 이때 여성들은 단순히 소득을 위해서 파트타임이나 서비스직 등의 일을 하기보다는 전문성을 가진 일을 찾는 것이 좋다. 자신의 가능성에 도전하면서 성취감을 느끼며 삶의 만족도를 높일 수 있기 때문이다. 많은 여성들이 현재의 자신보다 더 나은 모습으로 변화하기를 기대한다. 하지만 어디서부터 시작해야 할지 막막한 경우가 대부분이다.

여성들은 자신의 현재 직장에 대한 고민, 이직, 연애, 결혼, 이혼, 우울증, 독박육아, 시댁과의 갈등, 경제적 문제, 경력 단절 후 재취업, 자산 관리 방법 등 다양한 문제에 대해 답답함을 느끼고 해결 방안을 찾고자 한다. 고민을 들어보면 아직 자신의 문제에 대해서 파악하지 못한 사람, 문제는 알고 있지만 어떻게 시작해야 할지 모르는 사람, 실행력이 부족한 사람, 실행하는 과정에서 문제에 부딪힌 사람, 일은 열심히 하지만 인정을 받지 못하는 사람, 인간관계로 고민하는 사람 등 다양하다. 이런 문제에 묶여 있으면 삶은 정체되고 앞으로 나아가기 힘들다.

나는 여성들과 이야기를 나누고 적절한 질문을 던져 그들이 자신의 모습을 들여다볼 수 있도록 도와준다. 스스로 문제점을 파악하고 새로운 방법을 찾을 수 있도록 지지해 주고 정보를 제공해 준다. 모든 일을 종합적으로 파악하고 개선할 수 있는 사람은 오직 자신뿐이기 때문에 스스로 문제를 해결할 수 있도록 지지대 역할을 해주는 것이다. 나는 그들이 자신의 문제를 하나씩 해결해 가면서 삶이 나아지는 모습에서 보람을 느꼈다. 그리고 내 주변의 여성뿐만 아니라 더 많은 여성들에게 암울한 현실에서 조그만 희망이 되었으면 하는 생각에서 책을 집필하게 되었다.

처음 원고를 쓸 때는 성공한 여성들의 사례를 분석하여 집필했다. 최재희 회장님(전 소상공인협회 회장)의 도움으로 출판사에 원고를 보여드릴 기회가 있었다. 출판사에서는 성공 사례를 분석하기보다는 나의 생생한 경험담을 살려달라고 하였다. 부끄럽지만 나의 스토리가 많은 여성들에게 희망이 되고 도움이 될 수 있다면 더욱 용기를 내야 했다.

나 역시 삶이 무기력하게 느껴지고 앞이 보이지 않을 때가 있었다. 그때마다 주변의 좋은 분들의 위로와 격려로 다시 시작할 수 있었다. 힘든 환경과 상황에서도 손잡아 주신 분들이 있었기에 기꺼이 다시 시작할 용기를 낼 수 있었던 것이다. 이제는 도움을 받는 입장이 아니라 내가 가진 경험과 정보를 통해서 여성들이 새롭게 삶을 살아갈 수 있는 작은 힘이 되어주고자 한다. 이 책을 통해 내가 주변 분들에게서 받은 것들을 다시 사회에 되돌려 주는 기회가 되길 바란다. 막막한 현실에서 더 나은 삶을 원하는 여성들에게 이 책이 작은 희망이 되었으면 한다.

나는 남들이 부러워하는 위치에서도 일해보았고 앞이 보이지 않는 어둠 속에서 힘들게 보내는 시간도 있었다. 책에는 그런 시간을 극복하는 과정들이 담겨 있다. 나는 아직도 더 나은 모습이 되기 위해 노력하며 삶을 재창조하고 있다. 이 책을 읽는 독자들도 자신의 삶을 되돌아보면서 새로운 희망을 가질 수 있었으면 한다. 자신의 삶이 소중하다는 것을 깨닫고 감사하며 행복한 삶을 살길 바란다.

자신을 믿고 가슴에 뜨거운 열정을 가지고 도전한다면 누구나 좋은 결과를 얻을 수 있다. 나는 그것을 경험을 통해서 확신할 수 있다. 오직 당신의 선택과 결심이 그 열매를 맺게 할 것이다. 그리고 그것은 현재 당신의 삶을 변화시키고 행복한 삶으로 이끌 것이다.

이 책을 쓰는 동안 힘든 과정에도 묵묵히 믿고 기도해 주신 아버지와 어머니, 가족들, 최재희 회장님, 중앙경제평론사 김용주 사장님과 출판사 식구들, 하석 박원규 선생님, 매일 기도를 해주신 요안나 자매님, 유심시조아카데미의 홍성란 교수님, 휴넷 권대욱 회장님, BC글로벌 민진홍 대표님과 김효석 박사님, 신한소호사관학교, 그 밖에 많은 분들에게 이 자리를 빌어 진심으로 감사드립니다. 부족한 저에게 주시는 지지와 격려 덕분에 무사히 탈고할 수 있었습니다. 물심양면의 도움을 주셔서 비로소 첫 출간을 하게 되어 감사한 마음이 큽니다. 이 책을 통해 많은 여성들이 꿈을 실현하고 자신의 길을 갈 수 있는 계기가 되었으면 합니다.

배금진

차
례

2장 꿈의 화살을 쏘아 명중시켜라

3장 여자라서 꿀 수 있는 꿈이 있다

4장 여자가 행복한 삶을 사는 7가지 직업

5장 세상에서 가장 아름다운 곳에 나를 세워라

1장 꿈은 움직여야 항해를 시작한다

항아리는 비어야 채울 수 있다

잃을 것이 없기에 도전할 수 있다

아버지 집안은 충청도 예산에서 4대째 옹기 만드는 일을 가업으로 이어오셨다. 초등학교 때 매일 아침저녁으로 기도를 드리는 것에 대해 할머니께 여쭈어 본 적이 있다. "왜 우리 집은 매일 기도를 드리나요?" 할머니는 잠시 생각에 잠기셨다가 이야기해 주셨다. 병인박해 때 천주교 신자를 잡아가는 것이 심해지면서 증조할아버지는 종교를 버리셨다고 한다. 그 후로 할아버지는 하는 일마다 잘되는 것이 없었고 자식도 4명이나 죽었다는 것이다.

죄책감을 느낀 할아버지는 이후 모든 것을 포기하고 충청도로 내려가 옹기를 만들면서 신앙생활을 하셨다. 자식을 얻게 된 후 할아버지는 더욱 독실한 천주교 신자가 되었다고 한다. 그렇게 해서 우리 집안은 옹기 만드는 집이 되었고, 아버지는 옹기를 가업으로 물려받았다. 부모님의 결혼도 독실한 천주교 신자였던 두 집안이 선을 본 이후 우여곡절 끝에 3년 만에 이루어졌다.

결혼 전 어머니는 장충동에 있는 K이비인후과에서 7년간 간호사 생활을 하셨다. K이비인후과는 부부가 운영했는데 국제적으로 왕성하게 활동하는 분들이었다. 어머니는 두 분을 통해 많은 것을 배우셨다. 특히 여의사 선생님을 보면서 여자도 전문직을 가져야 자신의 목소리를 낼 수 있다고 생각하셨다. 어머니 집안은 마산에서 대갓집이었으나 종교 문제로 가세가 기울어졌다. 그래서 어머니는 마음속으로 딸들이 교육을 통해 집안을 일으키길 원했다고 한다.

사람들은 한국에서는 금수저로 태어나지 않으면 성공하기 힘들다고 이야기한다. 그것은 흙수저로 태어난 현실을 인정하고 결핍을 통해 성공하는 방식을 알지 못하기 때문에 하는 말이다. 흙수저로 태어났다는 이유로 금수저들과 비교하면 자기 연민과 열등의식만 쌓이게 된다. 금수저들이 회피하는 일에 도전하고 성취함으로써 그들이 해내지 못한 것에서 부러움을 사야 한다.

기본적으로 금수저들은 자신이 가진 것을 지키거나 즐기는 것을 우선으로 한다. 그래서 위험한 일에는 뛰어들지 않는 경향이 있다. 하지만 큰 고생이 있는 곳에 큰 성공도 있는 법이다. 흙수저는 흙수저이기 때문에 잃을 것이 없다. 부담 없이 시도해 보고 도전할 수 있다. 더 열정적으로 자신의 한계를 뛰어넘으며 성취감을 쌓을 수 있다. 그것은 자신의 부족한 부분을 긍정의 에너지로 바꿔 좋은 결과를 낳는 현명한 방법이다.

고향 예산에서 우리 집은 딸 부잣집으로 불렸다. 어머니는 위로 딸 셋을 낳고 아들에 대한 기대가 컸지만 나를 낳고는 아들을 포기했다고 한다. 당시 이웃 사람들은 어머니에게 장남 집에 시집와 아들을 못 낳아서 어쩌냐고 걱정을 많이 했다고 한다. 이웃의 걱정과 달리 어머니는 딸도 아들 못지않게 잘 키우면 된다고 생각했다.

시골에서 네 딸을 대학까지 공부시키고 전문직을 얻는 데는 한계가 있다고 생각한 어머니는 아버지를 설득하여 사양길이었던 항아리 공장을 접고 서울로 이사를 결심하게 되었다. 1976년 그렇게 부모님은 항아리 한 트럭을 싣고 서울 강남구 신사동으로 이사를 왔다. 내가 한 살 때였다. 당시 신사동은 허허벌판의 배밭이었고 한쪽에서는 한창 새로 집을 짓고 있었다. 큰언니와 셋째 언니는 고향의 할머니에게 맡겨두고, 부모님과 둘째 언니와 나는 신사동에서 서울 생활을 시작했다.

현실 안에서 진주를 발견하라

부모님이 처음 신사동에서 항아리 장사를 시작했을 때는 수입이 많지 않았다. 부모님은 식구들이 모두 함께 모여 살기 위해서는 빨리 돈을 모아야 한다고 생각했고, 어떻게 하면 돈을 빨리 모을 수 있을까 고민했다. 그러던 중 우연히 좋은 기회를 얻게 되었다. 지나가던 아가씨가 이곳은 정원을 꾸미는 사람도 많고 신장개업도 많기 때문에 꽃을 팔면 잘 팔릴 거라고 한 말에 솔깃했던 어머니는 주변의 꽃집을 조사해 보았다. 그런데 꽃을 싣고 온 트럭이 반나절 만에 다 팔고 가는 것이었다.

다음 날 어머니는 구파발에 가면 꽃이 많다는 말만 듣고 무작정 그곳으로 갔다. 그리고 거기에서 이름도 모르는 꽃을 한 트럭 가득 싣고 왔다. 간절한 소원은 이루어지는지 그날 저녁 꽃을 내려놓자마자 세 시간 만에 동이 나버렸다. 그 작은 실행이 신사동에서 가장 큰 꽃집을 운영하는 시작이었다.

어머니는 태평양 전쟁 때 태어나서 다섯 살 때부터 장사하는 법을 배워 스스로 필요한 것을 해결하면서 생활했다. 그래서인지 다른 친구들의 어머니와는 생각부터 달랐다. 당시에 대부분의 어머니들이 돈을 아끼기 위해 버스를 탔지만 어머니는 택시를 이용했다. 어머니는 시간의 경제 개념에 대해 어린 나에게 설명해 주었다.

만약 버스를 타고 가면 왕복 두 시간이 걸리는데 택시를 이용하면 30분이라면 택시를 타라. 그리고 아낀 시간에 10만 원어치를 더 팔면 택시 값 5,000원을 빼고도 95,000원을 더 벌기 때문에 훨씬 경제적이라는 것이다. 당시에 대부분의 여자들이 돈을 아끼기 위해 발품을 팔던 것과는 다른 경제 개념이었다. 어머니는 시간을 돈으로 환산하는 경제 관념을 가지고 있었다. 보편적 가치에 따르기보다는 자신의 상황에서 더 합리적인 것을 선택한 것이다.

서울에 온 후에 부모님은 시골에 있는 식구들과 합칠 생각으로 밤낮없이 열심히 일했다. 그 덕분에 3년 후에는 할머니, 큰언니, 셋째 언니도 모두 같이 살게 되었다. 언제나 북적거리는 대식구가 여유롭지는 않았지만 옹기종기 모여 서로를 의지하며 화목하게 지냈다.

우리 네 딸은 생김새도 성격도 다 다르다. 어머니는 항상 딸 넷에게 공평하게 자신의 몫을 나누어주셨고 각자의 생각을 존중해 주는 편이었다. 그리고 자신의 일은 스스로 결정할 수 있도록 믿고 맡기셨다. 고생하시는 부모님을 보면서 우리는 감히 딴짓은 엄두도 낼 수 없었다.

부모님은 자신이 원하는 분야를 공부를 할 수 있도록 네 딸을 밀어주셨다. 사실 내가 미술을 전공할 만큼 우리 집 형편이 넉넉하지는 않았다. 하지만 나는 꼭 미술을 공부하고 싶었고 막내딸이라는 특권으로 마침내 허락을 받아낼 수 있었다. 나는 가업이었던 도자기를 이을 생각으로 경희대 도예과에 진학했다.

1998년 IMF 당시에 기업들의 구조조정으로 많은 사람이 퇴직하고 심각한 취업난이 강타했다. 우리 집도 물론 예외는 아니었다. 어머니가 가지고 있던 강남의 사무실들이 폐업하거나 임대료가 싼 곳으로 이사를 가는 바람에 사무실은 텅 비었다. 그 때문에 어머니는 한 달에 몇백만 원에 달하는 이자를 대신 내야 했다. 사무실을 팔기 위해 헐값에 내놓아도 매매조차 이루어지지 않았다. 어머니는 불면증으로 매일 밤 잠을 이루지 못하셨다.

당시 큰언니네는 형부의 영화 사업이 부도 직전이었다. 큰언니는 경제적으로 어려워 고생하고 있었다. 둘째 언니는 구조조정으로 다니던 여행사에서 명예퇴직하고 컴퓨터 학원에서 공부하는 취업 준비생이었다. 셋째 언니는 달러 환율이 1,500원까지 치솟으면서 용산에 있는 메릴랜드 대학교를 휴학해야만 했다. 언니는 대학 등록금을 마련하기 위해 무역회사에 다니고 있었다. 내가 졸업 후 취업률이 10%도 되지 않는 도예과 대학원을 간다는 것은 가족에게 아무런 도움이 되지 않았다. 가족 모두가 어려운 상황인데 나만 생각할 수는 없었다.

나는 당시 교수님들이 대학원을 추천해 주셔서 진학 준비 중이었다. 취업 준비를 전혀 못한 것이다. 대학원에 진학하기 위해서는 등록금, 개인전 경비 등 현실적인 것도 고려해야 했다. IMF라는 현실에 맞닥뜨린 나는 취업을 선택할 수밖에 없었다. 처음으로 좋아하는 일을 포기하고 진로를 바꾼 것이다. 이 결정은 현실적으로 집안 경제에도 도움이 되었다.

나는 취업이 잘되고 능력에 따라 연봉을 받을 수 있다는 웹 디자인을 선택했다. 다행히 도예를 전공하면서 부전공으로 디자인을 한 덕분에 웹 디자인에 쉽게 적응했다. IMF 위기로 정부 지원금을 받아 멀티미디어 디자인 학원에서 공부할 수 있었다.

당시의 암울한 경제 상황과는 달리 IT 분야는 한창 벤처 붐이 일었다. 정부와 기업들이 앞다투어 홈페이지를 제작하면서 디자이너가 품귀 현상이었다. 시각디자인 전공자들은 대부분 매킨토시를 사용해서 잡지 인쇄물을 디자인하는 회사로 취업했기 때문에 IT 방면에는 미술 전공 출신들이 별로 없었다. 그래서 포트폴리오를 만들어 제출하자 많은 회사에서 연락이 왔다. 그중에서 주로 관공서 일을 하는 인포텍크에 취업했다.

'인생은 새옹지마'라는 전 문화부 장관 강용식 회장님의 말씀이 생각난다. 안 좋은 일이라고 낙담하는 대신 그 순간을 지혜롭게 헤쳐나가다 보면 인생에 좋은 일이 될 수도 있는 것이다. 낙담하는 순간 의욕을 상실하고 추진력을 잃게 된다. 자신에게 주어진 일을 기꺼이 받아들이고 적극적으로 대처하면 좋은 운으로 바뀔 수 있다.

현실이 힘들고 고되다면 이때를 자신의 뿌리를 단단히 내리는 시기로 받아들이고 실력을 쌓아야 한다. 낙담하지 말고 그 속에 깊이 박힌 진주를 발견하려는 긍정적인 자세는 고통을 통해서만이 얻을 수 있는 귀한 것이다.

부모님은 딸들을 이끌고 서울로 올라와 항아리 장사를 시작했다.

직장을
디딤돌로 만드는 기술

회사는 빽이다

자신의 분야에서 성공한 사람을 보면 회사를 다니면서도 꾸준히 적성을 개발해서 창업한 경우가 많다. 회사 생활이 지루한가? 회사 생활을 즐겁게 능동적으로 하는 방법은 월급에 만족하지 않고 자신의 미래를 위해서 준비하는 것이다.

회사는 좋은 울타리인 동시에 실패해도 대신 책임져 주는 든든한 빽이다. 창업을 하게 되면 모든 것을 자신이 책임져야 하고 직원의 실수까지도 사장이 떠맡아야 한다. 따라서 직장은 자신의 다음을 준비할 수 있는 연습장이며 안정적인 동아줄이다. 회사에 다니면서 자신이 맡은 프로젝트가 성공한 경험을 많이 쌓아야 한다. 그것이 창업했을 때 성공할 수 있는 밑거름이 된다.

2002년 페이지메이커에서 웹 디자인 일을 할 때였다. 당시 벤처 투자

활성화로 홈페이지 제작 수요가 많아지자 회사의 일손이 턱없이 부족했다. 회사에서는 정부 기관의 홈페이지 제작 업무에 경력자들을 우선 배치했다. 그러자 규모가 작은 한국전기협회의 홈페이지를 제작할 수 있는 프로젝트 매니저 자리가 비었고, 사장님은 당장 일할 사람이 없기 때문에 담당 디자이너였던 나에게 한번 해보라고 권했다.

당시 나는 2년 차 웹 디자이너로 디자인 업무에 대해서는 어느 정도 자신이 있었지만 프로젝트 전체를 진행해 본 경험은 없었다. 나는 단지 내가 할 수 있는 영역이 넓어졌다는 기대감에 덜컥 하겠다고 말했다. 그런데 막상 말하고 보니 두려움이 밀려왔다. 어디서부터 어떻게 시작해야 할지 감이 오지 않았다.

우선 당장 서점에 가서 관련 도서를 구입해 프로젝트 업무에 대해 전체적으로 파악했다. 그리고 담당자와 회의를 하고 진행하면서 기획, 데이터 설계, 디자인, 프로그램, 버그 수정 등의 전반적인 업무를 알게 되고 배우게 되었다. 처음 하는 일이라 서툴렀지만 열정이 있었고 혹시 나 때문에 일에 지장이 있으면 안 된다는 생각으로 더욱 열심히 했다. 완벽할 때까지 수정하고 또 수정했다.

그렇게 일에 몰입하고 해결 방안들을 찾아가는 동안 나도 모르는 사이 점차 실력이 늘게 되었다. 다행히 6개월간 진행한 홈페이지는 마치 어느 외국 사이트 같이 세련되게 만들어졌다. 클라이언트도 마음에 들어 하고 나에게도 실력을 인정받는 기회가 되었다. 당시 내가 제작한 홈페이지를 보고 삼성물산에서 디자이너 면접을 제안하기도 했다. 노력하다 보면 뜻밖에 좋은 기회들이 생긴다.

프로젝트를 진행한 경험은 무엇보다도 자신을 성장시킬 수 있는 좋은 계기가 되었다. 하나의 프로젝트를 성공시키기 위해서는 전체를 보는 눈이 있어야 한다. 담당자와 회의를 진행하면서 고객의 요구 사항을 정확히 파악하고 수정하고 조율하는 방법을 배우게 된다. 그런 경험을 통해 현장에서 일을 진행하면서 자신만의 노하우를 쌓을 수 있다.

아무리 좋은 기획과 설계도 현장을 반영하지 않으면 소용이 없다. 기획을 할 때 너무 완벽을 기하다 보면 오히려 시간을 더 많이 소모하게 된다. 프로젝트에 대해 50%의 큰 틀을 기획하고 세부 사항은 진행하면서 수정 보완해 나가면 더욱 효율적으로 시간을 활용할 수 있다.

위기는 '기회'의 다른 이름이다

이후 웹 에이전시 회사 세 곳에서 근무하면서 많은 경험을 할 수 있었다. 한국전기협회, 국민카드 여행사업부, LG 인트라넷 등 100개가 넘는 업체의 홈페이지 기획과 디자인 제작 등 공동 프로젝트에 참여했다. 기획과 디자인 등 다양한 업무를 통해서 하나씩 나만의 역량을 키워 나갔다.

홈페이지 제작은 기한이 정해져 있기 때문에 시간 엄수가 필수이다. 내가 일한 회사 중에는 1년 중 휴일이 일주일도 채 되지 않을 정도로 업무 강도가 높은 곳도 있었다. 사내 커플이 아니면 연애도 할 수 없을 정도로 개인적인 생활을 할 시간이 없어서 퇴사한 직원도 몇 명 있었다. 나 역시 회사 일을 계속할수록 나만의 독립적인 일을 하고 싶은 생각이 커졌다.

국민카드 여행사업부의 홈페이지를 만들 때였다. 회사에서 디자이너 6명이 1차 파견되었다. 팀장님과 디자이너들 5명의 시안으로 메인 디자이너를 정하는 프레젠테이션에서 내 것이 채택되었다. 메인 디자이너는 메인 페이지 디자인을 해서 템플릿을 만들어야 한다. 서브 페이지 디자인은 다른 디자이너가 진행하기 때문에 메인 디자이너가 업무를 빨리 넘겨줘야 했고, 따라서 항상 시간이 촉박할 수밖에 없었다. 하지만 윗사람의 말 한마디에 디자인은 널을 뛰듯 수시로 고쳐졌고, 야근 수당도 없이 공휴일에도 출근하며 1년간 프로젝트를 진행했다. 회사에서 하는 노력만큼만 한다면 어떤 일을 해도 성공할 것 같았다.

다음 직장에서는 경력을 인정받아 규모는 작지만 연봉이 높고 야근도 일주일에 몇 번 되지 않았다. 회사 생활을 하는 동안 회사에 대한 불평불만을 늘어놓는 대신 남는 시간에는 틈틈이 창업할 때 필요한 아이템, 자료, 정보들을 모았다. 당시 도예 시장은 인터넷과는 거리가 멀었다. 나는 도예와 인터넷을 접목시키면 비전이 있다고 판단했다. 그래서 퇴근 후에는 일본에서 성공한 한국 도예가의 공방에 다니면서 도자기 핸드페인팅을 전문적으로 배웠다. 그리고 휴가 때도 일본에 가서 도예 시장을 조사하고 박물관을 찾아다녔다. 주말에는 도예 선배의 보조 강사 일도 하면서 조금씩 창업을 위한 준비를 해나갔다.

내가 웹 디자이너로 근무한 마지막 회사는 에이씨에스테크놀로지로 당시 동시접속 다중영상기술 업계 중 최고의 업체였다. 사장님은 서울대 출신으로 LG에서 근무하던 프로그래머 동아리 후배들과 카이스트 박사들을 주축으로 솔루션을 개발했다. 그런데 시대를 너무 앞서 나갔는지 한국 인터넷 시장은 그것을 받쳐주지 못했고, 결국 회사는 그 솔루션을 일본 교육 회사에 수출했다. 하지만 거기서 나오는 1억 원 미만의 영업이익으로는 회사를 운영하기에 턱없이 부족했다. 회사가 지속하기 위해서는 결단을 해야 했다. 마지막으로 회사에서는 20억 원을 조기 투자받아서 MMORPG 해상 온라인 게임 회사를 만들어 수익성 있는 시장에 뛰어들었다.

회사에서는 전력을 다해 새로 게임 디자이너와 프로그래머를 뽑고 1년간 해상 온라인 게임을 만들었다. 그런데 이 게임의 제작 기간이 생각보다 길어지면서 자금난이 발생했고, 직원들의 임금을 체불하는 사태까지 오게 되었다. 결국 사장님은 최종적으로 폐업을 결정했다. 하지만 직원들은 몇 달 치의 임금을 받지 못한 상황에서도 함께 동고동락한 정 때문에 퇴사하지 못했다. 사장님은 마지막까지 책임을 다해 직원들을 다른 회사로 취업시켜 주었고, 직원 몇 명은 포트폴리오를 가지고 엔씨소프트 등으로 이직했다.

사장님은 나에게도 취업을 알아봐 주겠다고 하셨다. 회사를 그만둔다는 것을 알고 전에 같이 근무했던 회사 직원들도 자기네 회사로 오라고 스카우트 제안을 하기도 했다. 안정적 수입을 가지는 웹 디자이너를 계속 할까? 이번 기회에 그동안의 경험을 바탕으로 창업을 할까? 오랜 고민 끝에 실패해도 다시 일어설 수 있는 나이 서른에 창업을 하기로 결심했다.

몇 달의 휴식기를 가지고 사업계획서를 구상했다. 한 살 때부터 살았던 신사동에서 시작하기로 결정하고 마침 어머니가 신발 가게를 하고 있는 옆자리에 가게를 얻을 수 있었다. 낯선 곳에서 시작하기보다는 익숙한 환경이 활동하기에 부담이 적을 것 같았다. 우선 안정적인 수입 시스템을 만들기 위해서 도예 재료상을 온·오프라인으로 시작하고, 다음으로 교육사업과 함께 상품 판매를 하기로 계획을 세웠다. 그리고 강남구청에 가서 사업자 등록을 했다. 가슴이 두근거렸다. 드디어 내 열정을 쏟아부을 수 있는 공간이 생겼고, 자유롭게 나의 생각을 펼칠 수 있게 된 것이다.

회사가 폐업을 결정했을 때 사람들은 '위기'라고 생각했을지 모르지만 나는 '기회'로 여겼다. 새로운 것을 시도해 볼 수 있는 변곡점인 것이다. 동전의 양면처럼 일자리가 없어졌다고 좌절하는 대신 그동안 내가 준비한 것을 시작할 수 있는 기회로 삼는다. 그리고 그것을 생각에만 머무르지 않고 실행으로 옮겼다. 사업자 등록을 하자 책임감이 강해지면서 더욱 나의 일에 전념할 수 있었다. 창업을 생각한다면 서두르지 말고 안정적인 직장생활을 하는 동안 준비하면 다양한 인맥과 경험을 쌓을 수 있다. 그것은 든든한 자본금과 같다.

심장이 뜨거워야
판을 짤 수 있다

소비자 스스로 디자이너가 되는 '세라하우스'

1919년 공예의 대중화 운동은 독일의 바우하우스에서부터 시작했다. 바우하우스는 '인간을 중심으로 아름답고 실용적인 디자인을 하자'는 공예 교육 운동이다. 그것은 가내 수공업에서 벗어나 예술과 기술을 결합해서 생산성을 높이는 공예 디자인으로서 내가 꿈꾸는 가치는 그것보다 한 걸음 더 나아간 것이었다. 디자이너만이 디자인을 할 수 있는 것이 아니라 '소비자 스스로 주체적인 디자이너가 되자'는 것이 나의 모토였다.

공방 이름도 바우하우스에서 영감을 받아 '세라하우스'로 지었다. '세라믹(ceramic)'과 '하우스(house)'를 결합한 이름으로 친근한 이미지를 가지고 사람들이 부르기 쉽게 만든 것이다. '누구나 쉽게 만들 수 있고 배울 수 있는 공방이 되자'는 의미도 담겨 있다. 예술가만이 새로운 것을 만들어내고 창조하는 것이 아니다. 소비자들 스스로 감각을 키우고 배우면 자신이 좋아하는 것을 창의적으로 만들 수 있다.

21세기에는 문화와 국가가 다른 다양한 사람들이 공존하며 함께 살아가고 있다. 다양한 기호와 취향은 세분화된 디자인으로 나뉘게 된다. 다양한 욕구를 가진 소비자가 주체가 되어 자신과 취향이 비슷한 사람들에게 아름답고 실용적인 상품을 제공하는 것이다. 세라하우스 공방의 교육을 통해서 이러한 새로운 가치를 만들어내고 싶었다.

신사동에 오픈한 세라하우스

세라하우스 공방을 오픈하고 사업계획서를 만들면서 평소 내가 생각했던 가치를 실현할 수 있는 방법에 대해 깊이 생각해 보았다. 목표를 현실로 만들기 위해서는 머릿속에만 있는 것은 소용없다. 그것을 이루기 위한 구체적인 실행 방안이 필요하다. 그래서 나는 그것을 연월일 단위로 세분화하여 우선순위와 실행 리스트를 작성했다. 리스트를 만들어 보니 내가 해야 할 일들이 명확하게 보였다. 그리고 그것을 이루기 위해 공방에서 밤낮없이 연구하고 일했다. 신기하게 회사에서 야근을 하고 나면 녹초가 되었지만 나의 일이라고 생각하니 하나둘씩 이루어지는 과정이 힘들지 않았고 성취감을 느낄 수 있었다.

우선 나는 '국내에서 10년 안에 최고의 창의력 도예 교육 전문가가 되어 사람들의 역량을 키워준다'는 목표를 세웠다. 디자이너로 일할 때는 내가 일한 만큼 결과가 나왔다. 하지만 교육 전문가라는 직업에는 노력 이상의 것이 따라왔다. 아이들을 지도할 때는 어머니가 나를 믿고 기다렸듯이 나도 학생들을 믿고 학생들에게 칭찬과 격려를 더하면서 더디더라도 기다려 주었다. 내가 하나를 알려주면 학생들은 둘, 셋을 응용해서 성장했다. 나중에 학생들이 만든 작품 중에는 정말 학생이 만든 것인지 믿기지 않는 작품도 있었다.

교육으로 분야를 설정한 후에 학생들에게 적합한 창의력 교육을 하기 위해 도예 교안을 찾아보았다. 하지만 도자기를 만드는 기술 또는 흙 놀이 교육 프로그램밖에 찾을 수 없었다. 나는 교안을 만들기 위해서 인터넷을 뒤져 전 세계의 도예 교육 자료를 검색하고 연구했다. 구글 번역기를 돌리고, 필요한 정보를 얻기 위해 이천의 도예 도서관을 왕복 다섯 시간 걸려 다녀오는 것도 마다하지 않았다. 외국의 도예 책을 스캔하고 정보를 분석하면서 나만의 교육 방법을 찾았다. 창의력 교육에 대해서 연구하면 할수록 한국인의 손재주와 창의력을 거듭 확인할 수 있었다. 그것을 유아기부터 초등학교 시기에 걸쳐 개발한다면 세계 최고도 불가능하지 않다는 확신이 생겼다.

예술가적인 실험정신이 발동했다. 웹 디자인에서 사용했던 브레인스토밍 기법을 도예 교육에 응용하기로 하고 목표를 한 단계 높여 생각했다. 세계 최고의 창의력 도예 교육을 통해 학생들이 앞으로 인생을 살아가는

데 도움을 주어야겠다는 사명감도 생겼다. 4차 산업 사회를 살아가야 하는 학생들에게 앞으로의 인생에서 필요한 것을 가르쳐 주고 싶었다. 디자이너 생활을 해보니 성인이 되어 갑자기 창의적으로 사고하려고 하면 시간도 많이 걸리고 한계에 부딪히게 된다. 내가 가르치는 것이 어떻게 펼쳐져 어떤 결과로 나타날지 모르지만 우선 최선을 다하기로 했다.

신기하게도 범위를 '한국'이라는 공간에서 '세계'로 넓히니 턱없이 부족한 현재 나의 상태가 보였다. 목표가 꿈이 아닌 현실이 되기 위해서는 현실에 맞는 노력이 필요했다. 교안을 만들기 위해 한국뿐만 아니라 세계의 각종 자료를 활용했고 이를 시청각 수업으로 만들었다. 다행히 학생들은 한국의 일상 소재보다는 외국의 이야기를 더 재미있어 했다. 요즘에는 초등학교 학생들도 해외로 여행 가는 일이 종종 있기 때문인지 학생들은 특히 다른 나라의 소재를 활용해 작품을 만드는 일에 더욱 적극적이었다. 소재가 풍부해서 그런지 작품도 창의적이고 다양하게 나왔다.

기회는 준비하고 노력하는 사람의 몫

창의력 도예 수업에서는 기존의 방식에서 벗어나 내가 디자이너로 일할 때 사용했던 브레인스토밍 기법을 응용했다. 시청각 자료를 직접 만들어 사용해서 다양한 아이디어 발상을 가르쳤다. 기존의 교과서를 읽고 가르치는 방식에서 벗어나 학생들이 다양한 아이디어를 툭툭 이야기하도록 하여 수업 참여도를 높이고 집중할 수 있도록 했다. 그렇게 동기 부여를 시킨 후 작품을 만들면 학생들도 재미있어 하고 수준 높은 작품이 나온다. 그러면 다시 수업의 단계를 높인다. 모둠별 교육을 진행하면서 작품을 제작한 후에는 발표 수업을 통해 학생들이 자신의 작품에 대해 설명하도록 했다.

특히 교육 효과를 높이기 위해 영어와 토론 교육을 도예 수업에 적용했다. 학생들은 거부감 없이 자연스럽게 영어와 토론 과정을 배울 수 있었다. 학생들의 작품을 각각 사진을 찍어 나누어주고 초대장에 붙여 외국인 친구에게 보내는 수업도 진행했다. 이 수업은 영어를 어렵게 생각하는 학생들에게 학습 효과가 좋았다. 자신이 만든 작품을 전시하고 외국인 친구도 초대한다고 생각하니 자연스럽게 영어를 잘하고 싶은 동기 부여가 되었다. 친구들끼리 서로 가르쳐 주면서 더욱 친해지는 계기도 되었다.

뿐만 아니라 도예 수업을 하는 동안에는 학생 스스로 작품을 만드는 작가라는 생각을 가지도록 했다. 학생들은 자신이 작가라고 생각하자 더욱 진지해졌다. 자신의 작품에 애착을 가지고 열심히 만들었다. 또한 예술에는 정답이 없고 다양한 시각이 있다는 것을 가르쳤다. 비교하는 방식이 아니라 서로간의 다양성을 인정하고 존중함으로써 다양한 시각을 가지도록 했다. 학생들이 자신의 작품에 대해 평가하는 시간을 가지기도 했다. 대부분의 학생들이 작품을 열심히 만들었고 자신이 도예를 잘한다고 생각했다. 작품은 자유롭게 만들지만 자신의 작품에 대한 책임 역시 자신이 지는 것이다. 학생들은 자신의 작품이 부끄럽지 않게 열심히 만들었다.

우연인지 도예 교육이 도입되고 다음 해에 학교는 세계 창의력 올림피아드 본선에서 5위를 하게 되었다. 이후 학교에서도 도예 수업에 많은 지원을 해주었다. 그 다음 해에는 세계 창의력 올림피아드에서 1위를 하게 되었는데 기초 교육으로 도예 교육이 기여했다는 점에서 뿌듯했다. 도예 교육을 통해 학생들은 창의적인 작품을 만들면서 동시에 다양한 시각을 배우고, 토론 수업을 통해서 자신의 생각을 발표하면서 스스로 성장할 수 있었다.

세라하우스 공방이 입소문을 타기 시작하면서 한국경제신문에서 '21세기 신 직업 소개 10인'에 선정되어 기획 기사에 실리게 되었다. '21세기에 필요한 인재'라는 문장이 나의 가슴을 설레게 했다. 생각지도 못했는데 신문 기사에 나오고 소개도 되었다. 목표를 설정하고 노력하면 꿈이 현실로 이루어질 수 있다는 생각에 가슴이 벅차올랐다. 준비하고 노력하는 사람에게 기회는 항상 열려 있다.

한국경제신문의 '21세기 신 직업 소개 10인' 기사

1인 창업 '세라하우스' 성공 사례

교육생 합치면 수백 명 고용 효과

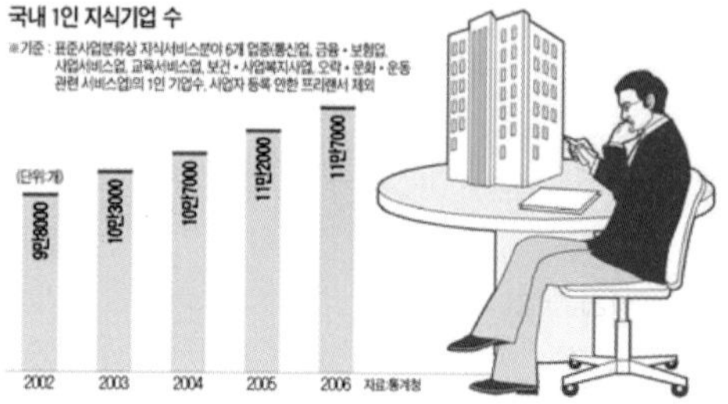

"혼자 시작했지만 지금은 직원 4명에 도와주시는 분만 해도 수십 명이에요."

배금진 원장
전 세계 아동교육 논문 공부
무공해 찰흙 구하려
여주·부산 등 전국 돌아

국내에서는 생소한 아동도예 분야에 뛰어든 1인 창업자 배금진 세라하우스 원장(34 · 사진). 그는 4대째 도자기를 만드는 장인 가족의 막내딸이다. 대학의 도예과를 졸업하던 해인 2000년에 들어간 직장은 디자인 회사. 그렇지만 회사 사정이 나빠져 5년 만에 그만둘 수밖에 없었다.

막다른 골목에 몰린 배 원장이 구상한 건 평소 관심을 갖고 있던 아동도예. 생활도예를 확산시키기 위해서는 어린 나이부터 도자기에 친근하게 접근할 기회를 줘야 한다는 생각에서였다. 당시만해도 본격적인 아동도예 전문 업체는 없었다. 그런 만큼 기회이기도 했고 모험이기도 했다.

마침내 2006년 2월. 모아놓은 돈 3천만 원으로 서울 신사동에 10평짜리 점포를 임대했다. 그리곤 곧바로 아이들이 좋아할 만한 찰흙을 구하러 나섰다. 여주, 이천, 부산 등 전국 각지에 있는 도자기 재료상 20~30곳을 뒤졌다.

그 결과 만질수록 세로토닌이라는 호르몬이 분비돼 기분이 좋아지는 찰흙을 구하는 데 성공했다. 이와 함께 영 · 유아기를 위한 아동도예 프로그램을 만들기 위해서도 동분서주했다. 전 세계에서 발표된 아동교육 논문과 리포트 등을 꼼꼼히 공부했다.

효과는 금세 나타났다. 서울 반포동 K초등학교에서 2006년 2학기부터 세라하우스의 교육 프로그램을 정규 미술 수업으로 채택했다. 배 원장은 당시부터 지금까지 3~6학년 학생들을 가르치기 위해 일주일에 16시간을 이 학교에서 보낸다.

K초등학교 학생 외에도 세라하우스에서 가르치는 학생 수는 한 달 평균 200명이 넘는다. 많을 때는 400~500명도 된다. 주로 유치원, 초등학교, 미술학원 등 단체로 교육을 받으려는 학생들이다. 배 원장을 포함한 5명의 일손이 달릴 때도 많다.

배 원장은 성공 요인으로 틈새시장 공략 전략을 꼽는다. "창업 당시 정부에서 여주, 이천, 광주에 도예촌을 만들어 서울에는 도예가들이 거의 없었던 데다 웰빙 유행까지 겹쳐서 아동도예라는 틈새 전략이 맞아떨어졌다"는 게 배 원장의 분석이다.

하지만 진짜 비결은 아이들을 위한 친화적인 교육 프로그램이다. 배 원장은 무턱대고 도자기를 만들라고 시키지 않는다. 이솝우화를 들려주면서 등장하는 동물을 만들어 보게 한다. 미술책의 상감청자를 배울 때는 직접 상감청자 기법으로 도자기를 빚어보도록 유도하기도 한다.

이 과정에서 세라하우스도 커졌다. 직원은 4명이지만 유약을 바르고 가마에 굽는 외부 인력, 재료를 공급해 주는 재료상, 세라하우스에서 도예 기술을 전수받고 나가는 교육생까지 합치면 간접고용 효과는 수백여 명에 달한다.

작가로만 인식되는 도예가라는 직업을 생활 속에 정착시켜야겠다고 판단한 배 원장은 자신과 같은 꿈을 꾸고 있는 도예과 학생들과 1인 창업 지망자들에게 창업 노하우를 전수하고 있다. 요즘에는 알음알음 배 원장의 성공 사례를 듣고 찾아오는 학생 수가 늘어 고민이란다.

"요즘 대학생들은 어찌나 빨리 배워가는지 제가 더 자극을 받는다니까요. 저만의 아동도예 노하우가 다른 분의 창업에 도움이 된다면 그야말로 기쁜 일이죠."

실행의 그물망을 펼쳐라

전문가의 도움을 받아라

세라하우스를 운영하기 위해 사업계획서도 작성하고 교안도 만들었다. 공방의 수강생을 늘리고 시스템화하기 위해서는 경영과 마케팅 기법에서 전문성이 필요했다. 마케팅 전문가의 도움을 받아 비용과 시간을 절약하기로 하고 소상공인진흥원에서 진행하는 소상공인 컨설팅을 신청했다. 정부 보조금이 90%에 자비 부담이 10%인 자영업 컨설팅은 소상공인의 창업, 대출, 경영, 마케팅, 상권 분석 등 자영업자들에게 필요한 컨설팅을 제공해 준다.

우선은 컨설턴트 중에서 가장 경력이 많은 최고의 전문가를 찾았다. 소상공인연합회 회장이자 컨설팅 경험이 가장 많은 분은 최재희 회장님이었다. 하지만 회장님은 너무 바빠서 당장은 시간을 내기 어렵다고 하셨다. 나는 회장님께 컨설팅을 정중히 부탁드리고 기다렸다. 다행히 한 달을 기다린 끝에 컨설팅을 수락해 주셨다.

회장님은 컨설팅을 위해 직접 세라하우스 공방을 방문해 주셨다. 사업계획서를 만들고 단계별 성장 전략까지 작성한 자영업자는 처음이라고 칭찬하시며 마케팅만 조금 더 신경을 쓰면 되겠다고 하셨다. 그리고 수강생을 모집할 수 있는 기회를 마련해 주셨는데 이번 기회에 동작구 여성 창업 부스에 참석해 보라는 제안이었다. 그런데 문제가 있었다. 바로 창업 부스가 열리기까지 기간이 일주일밖에 남지 않았다는 것이었다.

세라하우스의 사업계획서

설립기(2007)	성장기(2008)	확대기(2009)
1. 세라하우스 설립 2. 세라하우스 상표 등록 3. 세라하우스 홈페이지 등록 4. 세라하우스 도예 도소매 구축 5. 세라하우스 도예 교육안 연구 – K초등학교 – 걸스카우트 남부 연맹 – 한별유치원 6. 시스템 구축 7. 강사 교육 시스템 구축	1. 세라하우스 마케팅 확대 2. 세라하우스 홍보 확대 3. 기본 업체 관리 – K초등학교 – 걸스카우트 남부 연맹 – 한별유치원 4. 세라하우스 강사 전문 파견 (강남, 서초, 송파, 분당, 평촌) – 문화센터(10개) – 방과후 특기적성(20개) – 수련관 (10개) – 유치원(10개) 5. 세라하우스 연구소 설립 – 세라하우스 도예 교안 연구 – 세라하우스 가마 시스템 확장 – 세라하우스 물류 시스템 확장 – 세라하우스 강사 시스템 확장 – 세라하우스 전시회 개최 – 세라하우스 프랜차이즈 벤치마킹	1. 아동 도예책 총판 2. TV 광고, 언론 기관 홍보 3. 세라하우스 교육장 시설 확장 4. 세라하우스 강사 전문 파견 – 문화센터(30개) – 방과후 특기적성(60개) – 수련관(30개) – 유치원(30개) 5. 평생 교육원, 여성 개발 교육, 아동도예 강좌 개설 6. 다양한 도예 교안 개발 7. 세라하우스 프랜차이즈화 – 프랜차이즈 시스템 구축

구청에서 진행하는 것이기에 전시 부스와 현수막을 지원해 주어 비용을 많이 줄일 수 있었다. 시간도 촉박했지만 무엇보다도 처음 해보는 일이라 무엇이 필요한지 알 수 없는 것이 가장 큰 문제였다. 기회를 주신 회장님에게 피해가 가지 않도록 최선을 다하자고 마음을 먹고, 우선 일을 시작하고 부딪혀 가면서 문제를 하나씩 해결해 나가기로 했다.

초벌 도자기와 도자기 작품으로 부스를 장식해서 적은 비용으로 최대의 효과를 보기로 했다. 예전에 어느 사장님이 인테리어를 위해 초벌 기물 100여 개를 구입한 적이 있었다. 나도 그것을 응용해서 비용을 들이지 않고도 부스를 꾸밀 수 있는 방법을 생각한 것이다. 여자들이 좋아하도록 아기자기하면서도 예쁘게 부스를 장식했다. 그리고 부스 벽면에는 도예 수업을 위해 준비했던 전단지와 포스터를 빽빽하게 붙였다. 이렇게 하는 데 총 25만 원 정도 소요됐다.

처음 해보는 전시 부스라 정신없고 얼떨떨하기만 했다. 그런데 신기하

동작구 여성 창업 부스

게도 내 부스에 가장 많은 사람들이 설명을 듣기 위해 줄을 서 있는 것이었다. 이벤트로 일일 도자기 체험을 진행했는데, 특히 여성인력공단 관계자들의 전폭적인 관심을 받았다. 케이블 방송국과 뉴시스 등 여러 신문사에서 취재하기도 했다. 이렇게 첫 창업 전시 박람회를 성공적으로 마칠 수 있었다.

2006년 창업 초기에는 세라하우스 교육을 기관에 홍보하기 위해 사방팔방으로 애썼다. 세라하우스의 창의력 도예 교육 과정을 유치원이나 각종 교육기관에 소개했다. 먼저 유치원 원장님에게 창의력 도예 교육에 관한 정보를 알리기로 했다. 원장님들은 이메일보다 우편물을 선호하는 특성을 감안하여 창의력 도예 카탈로그를 제작했다. 많은 우편물을 받을 것이므로 특별히 파랑 봉투를 제작했다. 교육 진행시 이동거리도 고려해서 강남구, 서초구, 강동구까지로 한정해 50명 이상의 유치원생이 있는 200여 곳의 유치원 원장님 앞으로 우편물을 보냈다.

또한 청소년수련관 등과 정부 기관과 연계된 곳은 담당자가 30~40대인 특성을 고려해 파워포인트로 만들어서 이메일로 보냈다. 네이버를 통해 담당자 이름과 연락처, 이메일을 알 수 있었다. 그렇게 노력한 결과 3개의 유치원, 2개의 청소년수련관, 걸스카우트 남부 연맹에서 연락이 왔다. 이후 담당자에게 수업 과정을 소개하고 수업을 진행했다.

교육 프로그램 소개서는 100% 채택되는 것이 아니다. 3~5% 정도의 경우만 관심을 가지고 연락이 온다. 그리고 담당자와의 미팅을 통해 실제의 교육 프로그램 사례를 설명하고 신뢰를 얻을 수 있다. 이런 과정을 통해서 계약이 진행되고 몇 차례의 미팅을 더 가지게 된다. 첫술부터 배부를 수는 없다. 직접적인 실행을 통해 조금씩 자신만의 노하우를 쌓게 되는 것이다. 기관에서는 어떤 프로그램을 선호하는지 파악하고, 수업 현장의 환경과 학생의 수준을 고려해 적합한 교육 프로그램으로 진행하게 된다.

나는 먼저 교육 시장의 동향과 필요한 것을 분석한 후 차별화를 위해 필요한 것을 연구하고 교안을 만들면서 기회를 기다렸다. 세라하우스에서 직접 창의력 교안을 만들고, 흙의 경우에도 학생들이 거부감 없이 쉽게 만질 수 있도록 연구하여 새롭게 만들었다. 이를 직접 공방 학생들에게 실습해 보고 결과물을 하나씩 수정 보완해 가면서 교안을 업그레이드했다.

최고의 결과를 상상하라

때마침 강남의 K초등학교에서 처음 창의력 재량 학습을 도입하면서 학생들의 창의력 향상을 위한 교육 프로그램이 필요했다. 그런데 당시의 일반적인 도예 교육이 만들기 위주의 획일화된 것이었던 반면 세라하우스에서 연구한 교안은 참신하고 학생들이 좋아할 만한 것이 많았다. 결과는 어떻게 되었을까?

K초등학교에서는 3, 4, 5, 6학년의 교육 과정에 세라하우스의 교육 프로그램을 시범적으로 도입하기로 했다. 도예는 오감 중에서도 촉감을 느

끼기에 좋은 수업 방식이다. 손과 뇌의 신경은 서로 연결되어 있다. 따라서 초등학교 도예 수업은 학생들의 뇌 발달에 효과적이고 정서적으로도 안정을 줄 수 있다.

학교에서 수업을 진행하는 동안 해외의 교육기관에서 종종 시찰을 왔다. 일본, 미국, 중국, 싱가포르와 가톨릭 재단 등의 교육 관계자들은 새로운 교육 방식에 특히 관심을 많이 가졌다. 가장 신기해하는 것이 30명의 학생들이 두 시간 남짓한 수업 시간 안에 저마다 다른 1인 1작품을 만드는 것이었다. 학생들의 실력별로 편차가 있음에도 불구하고 집중하여 한 작품씩 만드는 것에 대해 높이 평가하고 벤치마킹했다.

나는 학생들이 1인 1작품을 만드는 것을 수업의 목표로 삼았다. 학생들에게 성취감과 만족감을 느끼게 하는 데 상당히 효과적이었다. 수업 시작 후 처음 10분간은 시청각 자료로 아이디어를 도출한다. 학생들이 좋아할 만한 주제를 골라 자료를 만들어서 집중력을 높여 수업을 진행했다. 다음 10분 동안은 내가 교탁에서 직접 만드는 과정을 보여주어 학생들이 쉽게 따라할 수 있도록 했다. 그 후 기본 형태 안에서 변형하면서 다양하게 표현하도록 했다.

3학년의 경우에는 손 근육을 발달시키면서 제작하는 방식을 활용했다. 컵을 만들 때는 먼저 형태를 쌓아서 만들고 그 다음에 형태나 모양을 변형시켰다. 만들다가 어려운 부분이 있으면 언제든지 선생님에게 물어보도록 해 부담없이 이것저것 시도해 보게 했다.

학생들의 수업 참여도는 매우 높았고 새로운 것도 열린 마음으로 즐거이 받아들였다. 그래서 나는 학생들에게 교훈을 줄 수 있는 새로운 교안을 생각했다. 재미있으면서 동시에 교훈도 줄 수 있는 교안을 만들기 위해서 이솝우화를 선택했다. 이솝우화는 대부분의 학생들이 읽었기 때문에 아이디어 도출 시간을 단축할 수 있었다. 그리고 작품을 만드는 동안 이솝우화의 주제에 대해 깊이 생각할 수 있어 교육 효과도 좋았다. 수업 후에는 이솝우화의 챕터별 발표를 통해 다양한 주제에서 오는 교훈에 대해 다시 생각해 보았다. 만들고 발표하면서 교훈까지 생각해 볼 수 있으니 일석삼조였다.

3학년부터 6학년까지 학생들의 수업 몰입도가 좋고 결과물도 잘 나오자 학교에서는 1, 2학년까지 확장해서 수업을 진행해 달라고 요청했다. 수업해야 하는 학년 수가 많아지자 학교에서는 보조 강사를 지원해 주었다. 도예 수업을 하기 위해서는 수업 전후에 재료 준비, 수업 교안 준비, 작품 건조, 유약 입히기, 가마에 굽기 등의 작업을 해야 한다. 혼자 수업을 진행할 때는 매일 밤 10시까지 학교에 남아 준비를 해야 했다. 그래도 학생들의 수업 참여도가 좋고 결과물이 좋아 모든 것이 보람 있었다.

우선 목표를 설정하면 추진력이 생긴다. 목표를 좁혀가면서 세부적으로 해야 할 일을 정한다. 그 다음 단계가 중요하다. 아무리 좋은 계획도 실행하지 않으면 소용이 없다. 실행하기 전에는 '이게 잘될까?' '내가 잘할 수 있을까?' ' 만약에 잘못되면 어떻게 하지?' 등 일어나지도 않은 수많은 경우의 수가 떠오른다. 이때는 딱 하나만 생각하면 된다. '내가 할 수 있는 최선을 다한다.' 그리고 그 결과에 대해서 후회하지 말아야 한다. 두려움

K초등학교 3학년 학생들의
도예 작품

핸드페인팅 타일로 제작한
K초등학교 학생들의 꿈

캐릭터 만들기 수업

은 사람의 몸을 굳게 하고 앞으로 나아가지 못하게 한다. 항상 최고의 상황을 상상하라. 그러면 일하는 동안 즐거워지고 결국 좋은 결과를 만들 수 있다.

긍정적인 여자가 1%가 된다

30대, 열정으로 시작하고 집념으로 이룬다

창업을 해보니 머릿속으로 생각한 것과 현장은 많은 차이가 있었다. 도예 재료상은 내가 생각한 것 이상으로 자본금이 많이 필요했다. 도매상은 대량으로 물건을 받아야만 재료의 가격을 낮출 수 있다. 그것을 15~20%의 마진을 보고 학교에 납품하거나 20~25% 마진으로 소비자에게 판매해야 한다. 경쟁력을 갖추기 위해서는 다양한 공급 업체의 가격 리스트와 함께 경영에 대한 전문적인 관리 시스템이 필요했다.

우선 도예 재료 전문 인터넷 쇼핑몰을 만들기 위해 도예 재료를 사진으로 찍어서 분류 작업을 시작했다. 그리고 세라하우스 도예 재료 쇼핑몰을 카페24에서 직접 디자인해서 무료로 만들었다. 재료별로 카테고리를 나누고 사진과 설명도 올렸다. 쇼핑몰은 어느 정도 구색을 갖추었으나 가격 단가를 낮추기 위해서는 자본금이 필요했다. 지금까지는 순조로웠지만 자본금이 없었던 나는 이제 막막할 수밖에 없었다.

도예 재료의 핵심은 흙이다. 나중에야 알았지만 흙을 납품받기 위해서는 흙 대리점 권을 받아야 했다. 도예 흙을 취급하는 사장님은 전국 흙의 80%를 유통하고 있었기 때문에 이곳의 대리점 권이 필요했다. 간신히 그곳의 사장님과 통화해 흙 대리점 권에 대해 문의했다. 하지만 사장님은 기존 거래처가 있어서 더 이상 대리점을 늘리고 싶어 하지 않았다. 그런데 다행히도 공방이 강남에 위치하고 있다고 하자 관심을 가지셨다.

사장님은 우선 흙 도매점을 하기 위해서는 5톤 이상의 흙을 받아야 하는데 그만한 공간이 있는지 물었다. 이때 나는 결정적인 실수를 하고 말았다. 5톤 트럭을 계란차 정도의 크기로 생각하고 가능하다고 대답한 것이다. 사장님은 다음 날 공방을 방문해 대리점 권에 대해 답변하겠다고 하셨다.

다음 날 사장님은 전무님과 부인과 함께 공방을 방문했다. 하지만 공방 안에는 들어오지도 않고 밖에서 한숨부터 쉬셨다. 경상도에서 큰 광산을 몇 개나 가지고 있는 사장님 입장에서는 15평짜리 나의 공방은 애들 소꿉장난처럼 보였을 것이다. 사장님은 도대체 어느 곳에 5톤 트럭 분량의 흙을 받을 것인지 갑갑해하셨다. 나는 우선 실수를 인정하고 30평가량의 빈 창고를 보여드리며 이 창고에 흙을 납품받겠다고 했다. 다행히 사장님은 화가 좀 누그러지신 듯했다.

6월이었지만 비가 차갑게 내렸다. 다행히 공방 앞 설렁탕집이 문을 열어서 우선 새벽부터 오신 사장님 내외분과 식사를 하면서 이야기를 나눌 수 있었다. 따뜻한 국물이 들어가자 사장님의 화난 얼굴이 풀리는 것이 보였다. 사장님 눈에는 도예 재료 대리점을 하기에는 내가 너무 어리고 자본금도 없어 보였는지 당혹해하는 기색이 역력했다. 우선 학교, 수련관, 걸스카우트 연맹 등의 거래처에 대해 설명하고 안심시켰다.

사모님도 옆에서 거들어 주셨고 결국 딸 같이 여기셨는지 대리점 권을 주겠다고 하셨다. 자신이 도와주지 않으면 시작도 하기 전에 사업을 접어야 하는 상황이 사장님 눈에도 그려진 것 같다. 어떻게 시작할 용기가 생겼냐고 물으시면서 이번 한 번만 도와주겠다고 하셨다. 업계 큰손인 사장님 덕분에 다른 재료와 기자재 거래처도 소개받을 수 있었고, 다른 도예 재료들도 도매가로 받을 수 있었다. 돈이 없어서 처음에는 많은 양의 재료를 주문하지는 않았지만 도예 재료상으로 인정받고 일을 시작할 수 있었던 계기였다. 하지만 지금 생각해도 아찔한 순간이었다.

그런데 지금 생각해 보면 만약 이런 상황이 전개될 것을 미리 알았다면 불확실성과 목돈에 대한 걱정 때문에 오히려 도예 재료상을 시작할 용기를 내지 못했을 것이다. 하지만 30대에는 창업도 열정으로 시작하고 해결할 수 있는 용기가 있었다. 이런 용기로 현장에서 오케이가 될 때까지 설득하고 도움을 요청한 것이 마침내 성공을 불러온 것이다.

이런 초심은 아무 것도 가진 것이 없을 때, 지푸라기라도 잡는 간절한 마음일 때 가능하다. 간절한 마음과 열정은 밑천도 없었지만 대리점 권을 얻을 수 있게 했다. 그리고 자본금이 없기 때문에 신용을 잃지 않기 위해서 더욱 정성을 다할 수밖에 없었다. 결국 초심이 기회를 살릴 수 있는 불

씨가 된 것이다. 어느 정도 여유가 생기면 더 이상 절박하지 않으니 체면을 먼저 생각하기 쉽다. 하지만 나는 반드시 성공하겠다는 절박한 심정으로 체면보다는 실속을 챙겼다. 나를 믿고 따르는 직원들의 월급을 위해서라도 나는 뛰어야만 했다.

반항적인 학생도 변화시킨 도예 교육

공방 재료상을 시작하면서 동시에 인터넷 쇼핑몰 운영과 여러 기관에서 교육을 진행하느라 정신이 없었다. 덕분에 강남은 비싼 임대료 때문에 도예 공방과 도자기 갤러리가 오픈해도 1년 이상 버티지 못한다는 불문율도 깰 수 있었다. 세라하우스 공방이 지속적으로 성장하자 선배들과 교수님들의 나를 바라보는 시각도 달라졌다.

남자도 하기 힘든 일을 여자가 한다는 이유로 도자기 업계에서 나는 더욱 눈에 띄었고 자청해서 도와주는 분들도 여럿 생겼다. 도예 분야는 육체적으로 힘든 일이 많기 때문에 남자가 더 유리할 수밖에 없는데 나는 그것에 위축되지 않고 여자라서 가질 수 있는 장점에 더욱 힘을 쏟았다. 그것이 바로 도예 교육 분야인데 남성보다는 여성의 포용적이고 수용적인 장점이 더욱 부각되었다.

한국경제신문에 '21세기 신 직업 소개 10인'에 선정되면서 나에 대한 기사가 나오자 경희대 도예과 후배들 중에도 나를 롤모델로 여기고 찾아오는 이들이 있었다. 후배 중에는 교사가 되고 싶어 하는 이들이 많아서 도예 교육 교안으로 강사 교육 과정을 만들어 후배들을 가르쳤다. 마침 S수련관에서 CA시간에 창의력 교육 과정으로 도예 교육을 도입하기로 결정했다. 후배들에게 S수련관에서 수업을 진행하도록 했다.

한 후배가 완벽하게 수업 준비를 마치고 S수련관으로 첫 수업을 다녀왔다. 나는 내심 후배가 상냥하고 차분한 성격이어서 학생들이 잘 따르고 수업도 무리 없이 진행할 거라고 기대했다. 그런데 수업을 다녀온 후배가 훌쩍거리는 것이었다. 첫 수업은 중학교 학생들이었는데 이 학교 학생들을 대상으로 도예 수업을 한 것은 이번이 처음이었다. 반항적인 몇 명의 학생들이 수업은 듣지 않고 흙으로 짓궂은 장난을 친 모양이었다. 그래서 그녀는 간신히 수업을 마치고 와서는 자기는 도저히 더 이상 수업을 맡아서 진행할 자신이 없다고 하는 것이었다. S수련관과는 1년 계약을 맺었기 때문에 이후부터는 어쩔 수 없이 내가 수업을 진행해야 했다.

2회차 수업부터는 내가 들어갔다. 교실에 들어서자 수업에 임하는 진지한 태도보다는 장난기 가득한 얼굴들이 보였다. 중학교 3학년 학생 30명의 시선을 한몸에 받으니 순간 당황스럽기도 했다. 하지만 당황하지 않고 차분히 칠판에 이론 수업 내용을 요약해 정리했다. 실기 수업을 하는 시간이 되자 강사에게 듣던 대로 학생들이 흙을 가지고 장난을 치기 시작했다. 어느 정도 예상은 하고 있었으니 놀라는 표정 없이 교실을 한 바퀴 돌면서 상황을 파악했다.

그런데 한 학생이 비너스 상을 만들었는데 아주 잘 만든 것이 눈에 띄었다. 수업 주제인 컵을 만들지 않고 다른 것을 만들고 있었으니 야단을 쳐야 했지만 그 학생의 미적 감각에 놀라움이 먼저였다. 우선 소질이 있는 것 같다고 칭찬부터 하고 학생들의 경계심을 풀게 했다. 학생들은 이구동성으로 그 학생의 아버지가 이탈리아에서 조각가로 활동하고 있다며 선생님이 한눈에 알아본 것을 신기해했다. 학생들은 자신들의 마음을 받아주는 선생님인지 아닌지 그들 나름의 방식으로 시험해 본 것이었다. 그날 이후 학생들은 나에게 선생님에 대한 예의를 갖추면서 수업 시간에도 진지하게 임해주었다.

이 수련관에서는 토요일에 1, 2부로 나누어 9시에 여중생 학교 수업과 11시에 남중생 학교 수업을 진행했다. 그런데 하루는 수업 일정에 차질이 생겨서 9시 수업에 두 학교가 겹치게 되었다. 두 학교 학생들이 서로 자기 학교가 먼저라고 언성을 높였다. 한참 실랑이 끝에 다행히 남학생들이 두 시간을 기다린 후 수업을 듣겠다고 양보했다.

나는 남학생들이 정말 기다리고 있을까 걱정돼 수업이 끝나자마자 쏜살같이 달려갔다. 그런데 지루해서 몸을 비틀고는 있었지만 남학생 모두 한 명도 빠짐없이 기다리고 있는 것이었다. 눈물이 왈칵 쏟아질 뻔했다. 담당 CA 인솔 선생님도 이 상황을 보고 신기해하셨다. 학교 선생님도 학생들이 도예 수업 시간에는 떠들지 않고 집중하는 것을 보니 신기하고 고맙다며 나에게 인사를 하셨다.

학생들은 자신을 이해해 주고 공감해 주는 선생님을 통해서 존중받는다고 느낀다. 학생들의 거친 행동은 시간이 지나면서 자연스럽게 예의 바

S수련관 이벤트 '초등학생 1,000원의 행복' 수업 후

A어린이집 도예 체험학습

른 행동으로 변해갔다. 몇 명의 학생은 미술을 전공하고 싶다고 하기도 했고, 짙은 화장을 하던 여학생도 수업 시간에 화장을 지우고 성실한 학생의 모습으로 돌아갔다. 자신이 원하고 좋아하는 것이 생기니 선생님을 실망시키고 싶지 않았던 모양이다.

학생들을 믿고 기다려 주는 것, 이것이 선생님의 가장 큰 덕목이다. 학생들은 도예 교육을 통해 자신도 잘하는 것이 있다는 사실을 깨닫고 자존감이 높아졌다. 학생들이 변화되는 모습을 보니 가슴이 뭉클해지고 교사라는 직업에 큰 매력을 느끼게 되었다.

웃는 여자는 인생을 바꾼다

가족을 위한 '가로수길칼국수'로의 외도

처음 일을 계획할 때는 꿈과 열정으로 가슴이 뛴다. 하지만 이후 숱한 고난과 좌절을 경험하게 될 것이고, 그 순간마다 자신을 일으켜 세우는 힘이 필요하다. 그것은 바로 하루하루의 힘을 믿는 것이다. 하루하루가 모여 결국 하나의 결과물을 만들어낸다. '내일 다시 한 번 시작해 보자'고 자신에게 조용히 용기를 주는 것이다. 힘든 순간순간을 헤쳐나간 사람만이 최후의 월계관을 쓸 수 있다. 내가 힘든 순간에는 다른 사람도 힘들다는 것을 알고, 다시 한 번 일어서서 나아갈 필요가 있다. 이 평범한 진리가 당신을 특별한 사람으로 만든다.

세라하우스 공방을 운영하면서 주중에는 K초등학교 전교생을 가르치고, 주말에는 수련관과 걸스카우트 남부 연맹에서 수업을 진행하니 공방 인력이 부족할 수밖에 없었다. 평일에도 교육 요청이 있었기 때문에 강사를 공방에 남겨두고 파견 강사를 교육시켜 내보내는 경우도 있었다. 교안을 만들고 강사들을 교육시키기 위해서는 손이 10개라도 부족할 지경이었다. 여기에 학교 전시 진행 등으로 바쁜 시간 동안 공방 주변의 변화에 민감하지 못했다. 공방이 있던 건물의 건물주가 바뀌고 리모델링을 하면서 1층에 있는 점포 모두에 음식점으로 업종 변경을 요구한 것이다.

6개월 안에 철거 명령이 떨어졌다. 청천벽력 같은 소식에 눈앞이 막막해졌다. 당장 공방을 옮겨야 했다. 막상 철거하자니 그곳에 투자된 권리금과 인테리어 비용 생각에 그동안 번 것이 다 헛수고가 되는 것 같아 억울하기만 했다. 하지만 공방이야 옮겨서 다시 시작하면 되는 것이다. 나보다도 어머니가 걱정이었다.

공방 옆에서 신발 가게를 하고 계신 부모님은 신발 가게를 노후 대책과 더불어 소일거리로 생각하셨다. 갑자기 내린 철거 명령에 부모님은 나보다도 더 막막해하셨다. 크고 든든한 버팀목이었던 부모님이 작고 초라하게 느껴지는 순간이었다. 그동안 내 일만 하느라 정신없어서 어머니에게 효도 한 번 못한 것이 미안하게 느껴졌다. 이번 기회에 1~2년만 효도하고 내 공방을 다시 하기로 결심했다. 어머니에게 효도할 수 있는 시간이 많이 남아 있지 않을 것 같았다. 그래서 어머니와 내 공방을 합쳐서 음식점을 하기로 결정했다.

K초등학교에서는 퇴사하고 다른 교육기관도 연장 신청을 하지 않았다. 당분간은 처음 해보는 음식점 일에 올인해야 할 것 같았다. 사실 한국경제신문에서 자영업 컨설팅 자문위원회 일을 진행하면서 보고 배운 것도

있어서 음식점 창업을 크게 어렵게 생각하지 않았다. 우선 상권 조사와 아이템 선정을 하고 어머니와 내가 함께할 수 있는 것 중에서 고민했다. 결국 사람들에게 건강하고 맛있는 음식을 제공하는 밥집을 하기로 결정했다.

그렇게 어머니와 나는 '가로수길칼국수'라는 식당 간판을 걸게 되었다. 항상 부딪히고 깨지고 다시 일어서기를 반복했던 경험은 또 다른 운명의 선택을 받아들이게 했다. 나의 꿈은 잠시 접어두고 가족을 위해 잠깐 동안의 외도 아닌 외도를 선택하게 된 것이다.

신사동 맛집으로 자리 잡기까지

두 달가량 건물 전체 리모델링이 진행되는 동안 식당 인테리어를 직접 그리고 도면을 만들었다. 인테리어 업자에게 맡기니 테이블 수가 많이 나와야 7개밖에 나오지 않았다. 밤을 새우면서 냉장고, 반죽기, 싱크대, 테이블 등 모든 기자재들의 치수를 일일이 재고, 사이즈가 작은 테이블을 선택해 치수를 조정해서 테이블 수 14개를 만들었다.

테이블 1개의 차이는 엄청나다. 한 테이블 당 1일 매출을 평균 15만 원으로 보면 한 달이면 450만 원이다. 테이블 3개를 추가하면 최소 1,500만 원이 더 생기는 것이다. 1개의 숫자는 작아 보이지만 이것이 한 달 모이면 큰 액수가 된다.

식당을 오픈하고 나니 만감이 교차했다. 디자이너, 선생님, 컨설팅 등 머리 쓰는 일만 하다가 처음 해보는 음식점 일이었다. 몇 명도 아닌 수백 명 분량의 음식을 만들고 맛을 내야 한다고 생각하니 더욱 긴장되었다. 다행히 어머니가 요리에 일가견이 있어서 음식 솜씨에 대해서는 걱정이 덜했다.

많은 사람들이 음식점을 최후의 보루로 생각한다. 하지만 자영업은 가족의 생계를 걸고 하는 하루하루의 전투와도 같다. 무한 경쟁에 고스란히 노출되어 있어 직간접적으로 모든 영향을 바로바로 받게 되고 그것이 매출로 직결된다. 사회 · 정치적 이슈와 메르스, AI 바이러스 등 모든 환경의 변수 앞에 한숨이 쌓이게 된다. 빠른 판단 능력과 수정 보완 없이는 살아남기 힘든 것이 바로 자영업이다.

자영업을 하는 사람은 이미 포화 상태인 시장에서 살아남기 위해 살을 깎는 고생을 하면서도 겉으로는 항상 웃으면서 손님들을 맞이해야 한다. 어떠한 경우에도 힘든 것을 내색하기보다는 우리 가게를 찾아준 손님들에 감사하는 마음을 가져야 한다. 주인 입장에서는 몸이 힘들어도 이런 마음가짐을 갖는 것이 매우 중요한 일이다. 반면 직원 입장에서는 어떨까? 고된 일에 인사말도 잘 안 나온다. 육체적으로 힘들면 짜증이 나는 경우도 많아진다. 그런 때 나무라기보다는 "힘들지? 힘내자!"라는 격려와 음료수 한 잔이 훨씬 효과적이다. 손님 입장에서 웰빙 음식의 콘셉트로 생각하고 만든 도자기 그릇은 직원들의 손목에 무리가 되었다. 실제로 그릇이 무겁다고 그만둔 직원도 있었다.

아르바이트 학생들은 전날 음주가 과하면 아침에 아프다고 연락하거나 그런 연락도 없이 빠지기도 했다. 주인 입장에서는 속이 타들어 갈 수밖에 없다. 정규직 직원과 달리 아르바이트는 상황에 따라서 그만둘 수 있다고 생각해서인지 책임감이 부족한 경우가 많다. 이런 상황을 감안해서 면접을 볼 때 규정을 만들고 인수인계 부분을 명확히 해야 서로 마음이 상하지 않는다. 이런 경험을 직접 해보지 않고는 자영업자의 입장을 이해하기 어렵다.

주위에 맛있는 건강식 식당이 없었던 터라 우리 가게는 오픈하고 얼마 안 돼 맛집으로 자리 잡을 수 있었다. 하지만 착한 식당의 이미지 뒤로는 마진이 적어 이익도 적은 악순환이 반복되었다. 오픈한 그 해에는 내 통장에서 직원들의 월급을 내어주는 경우도 생겼다. 가격을 올릴까 생각도 해보았지만 우선은 사람들에게 우리 식당의 음식을 더 많이 먹어보게 하는 게 남는 것이라는 생각으로 음식 가격을 7년간 동결했다. 그렇게 봉사 아닌 봉사로 시작한 일에 식당은 손님으로 만원을 이루었고, 손님들은 항상 덕담을 해주고 가셨다. 밤낮으로 일한 덕분에 죽어 있던 골목이 살아나고 주변에도 하나둘씩 맛집들이 자리를 잡게 되었다.

잘되는 것이 반드시 좋은 것만은 아니었다. 자영업 시장은 철저히 양육강식의 시장이다. 잘되는 식당이라는 소문을 듣고 음식점들이 바로 우리 식당 옆으로 들어왔다. 겐로쿠우동을 시작으로 몇 달 뒤에는 전국 4대 교동짬뽕, 서울제면 등 한 건물에 1개씩 들어오기 시작했다. 한 곳이 잘된다고 하면 신기하게 더 큰 돈을 들여 더 크게 인테리어해서 바로 그 옆집에 차린다. 그렇다고 손을 놓고 포기할 수도 없는 노릇이다.

우리 가로수길칼국수는 매일 아침 가락시장에서 구입한 배추로 직접 김치를 담가 신선도가 좋았다. 특히 강남의 유명 음식 전문가, 명품 폐백 요리사, 음식점 주인들이 음식을 맛보고 직접 홍보를 해주신 덕분에 단골 손님도 꽤 잡혀 있는 상태였다. 우리는 우리대로 프랜차이즈 상점이 가질 수 없는 장점을 살려서 차별화하기로 했다. 우선 신선한 음식을 판매하는 '웰빙 음식점'이라는 사실을 알리기 위해 매장 안팎에 홍보 문구를 써 붙였다. 그리고 외국인들이 많이 다니는 상권이므로 의외로 외국인들이 한식을 선호한다는 점을 파악해 홍보에 주력했다.

또한 가로수길칼국수와 아트를 결합하기로 했다. 한쪽 벽면을 공예 작품으로 만들려 하니 재료비와 시공비까지 합쳐 기본적으로 1천만 원의 경비가 들었다. 비교적 저렴한 지끈을 활용해 클림트의 '생명의 나무'를 만들고 손님들의 추억의 사진을 붙였다. 인테리어를 위해 쉬는 두 달 동안 틈틈이 지끈을 꼬아서 사이즈별로 수백 개를 만들어 두었다. 만들 때는 손가락이 아프고 언제 다 만드나 했는데, 막상 '생명의 나무'를 만들고 보니 뿌듯했다. 힘들 때 상황을 탓하기보다는 그 상황에 맞는 해결책을 찾는 편이 더 효율적이다.

신사동 웰빙 음식점 '가로수길칼국수'

조형물과 함께한 외국인들

사랑을 전하면
삶이 더 풍요롭다

먼저 베풀면 반드시 돌아온다

당신은 '나는 돈을 사랑한다'라고 자신 있게 말할 수 있는가? 돈이 인생의 전부는 아니다. 하지만 돈이 있어야 사람의 도리를 갖출 수 있고, 가족도 지킬 수 있다. 돈은 당신에게 선택의 자유와 권리를 준다.

목구멍이 포도청이라고 하지 말아야 할 일도 돈 때문에 해야 하는 순간이 있다. 돈 때문에 사랑도 떠날 수 있고, 친구나 이웃과 등을 돌리거나 하고 싶은 일을 포기하는 경우도 생긴다. 돈이 있으면 당신은 원하는 것을 할 수 있고 나눌 수 있고 살 수도 있다. '돈을 사랑한다'는 것은 이런 긍정적인 측면을 좋아하는 것이다. 돈을 가치 있게 생각하고 사랑하는 사람에게 돈은 따라온다. 돈은 돌고 도는 순환 구조를 가지고 있다. 내가 먼저 베풀 때 비로소 그것이 다시 나에게로 되돌아올 수 있다.

가로수길칼국수를 운영하기 위해서 매일 신선한 재료로 음식을 준비한다. 그러면 손님들은 음식을 맛보고 그 정성을 알게 된다. 고마운 마음에 직접 감사의 칭찬을 해주거나 글이나 사진을 인터넷이나 모바일에 올려준다. 그것을 읽은 사람들은 그 음식점에 방문하고 싶은 마음이 생기게 되고, 결국 매장에 손님이 많아지면 자연스레 매상도 올라간다.

가로수길칼국수를 오픈하고 며칠 동안은 연이은 손님으로 자리에 앉을 시간도 없을 정도였다. 처음 해보는 주방일이었지만 막상 닥치니 긴장할 시간조차 없이 음식을 끓여서 내가기 바빴다. 3일째 되던 날 어느 음식점의 유니폼을 입은 직원 6명이 주방 앞에 자리를 잡고 앉아서 계속해서 나를 쳐다보는 것이었다. 신경이 쓰여 물어봤더니 명동칼국수에서 왔다고 했다.

가로수길칼국수가 오픈하고 나서 명동칼국수에 사람들의 발길이 뚝 끊겼다고 한다. 그래서 음식을 먹어보고 한때 유행하는 음식인지 아니면 오래갈 수 있는 맛인지 평가해 보고 주인 얼굴도 한 번 보고 싶어서 직접 왔다는 것이다. 어느 가게에 손님이 많이 가면 반대로 다른 곳은 손님을 잃게 된다. 그래서 음식점 주인들은 항상 손님의 발길이 다른 곳을 향하지 않도록 끊임없이 손님과 소통하려 노력한다. 그것이 음식이든 정이든 말이다.

강남에 음식점을 오픈할 때는 기본적으로 권리금과 임대료가 부담될 수밖에 없다. 수많은 음식점들이 꿈을 안고 오픈하지만 80%는 그 해가 지나기도 전에 문을 닫는다. 살아남은 20% 중에서도 3년을 넘기는 곳은 5%밖에 되지 않는다. 음식점은 생존 경쟁이 그만큼 치열한 곳이다. 맛, 서비스, 청결, 인테리어 등 어느 것 하나라도 관리되지 않으면 손님은 순식간에 발길을 돌릴 수 있다. 이것이 자영업자들이 하루도 쉬지 않고 긴장해야 하는 첫 번째 이유이다. 항상 초심을 잃지 않고 정성을 다해야 손님과 오래도록 관계를 유지할 수 있다. 관리가 안 되면 하루아침에 간판을 내려야 한다.

가로수길칼국수는 다른 음식점과 달리 가족 같은 느낌이 든다고 한다. 사실 그 배경에는 어머니의 사람들에 대한 배려와 베풂이 있다. 어머니는 일곱 살 때 과일 장사를 해서 동생들을 키웠고, 처녀 시절에는 간호사 생활을 하셨다. 결혼해서는 딸 넷을 공부시키기 위해 항아리 가게, 꽃가게, 신발 가게 등 다양한 분야에서 장사를 하셨다. 생활력이 강하고, 고생하면서 사셨기 때문에 누구보다도 사람들의 어려움을 잘 아신다. 사람들의 어려움을 잘 이해하고 베풀어서 그런지 누구나 어머니를 좋아한다.

처음에는 그 부분 때문에 부딪히는 것이 많았다. 사람들에게 너무 많이 베풀다 보니 고생한 대가에 비해 주머니에 들어오는 것이 너무 적었던 것이다. 장사라는 것이 이윤을 남겨야 하는데 내 주머니에서 자꾸 나가기만 하니 적절한 선에서 균형을 맞추는 것이 필요하다는 것이 내 입장이었다.

하지만 어머니는 우리가 적게 벌더라도 손님들에게 부족하지 않게 잘하면 시간이 걸리더라도 손님들이 그 정성을 알게 되고, 그렇게 천천히 자리를 잡게 되는 것이라고 말씀하셨다. 얄팍한 상술이 아닌 진심을 통해서 사람들의 마음을 얻자는 것이다. 따라서 이윤을 높이기 위해 음식의 재료를 값싼 것으로 대체하거나 음식의 양을 줄이는 것은 생각할 수 없었다. 배춧값이 폭등한 날에도 어김없이 똑같은 김치를 대접했다.

그 효과는 2015년 메르스 파동 때 톡톡히 봤다. 다른 식당들은 매출이 3분의 1로 줄었을 때 우리 식당은 오히려 매출이 20% 늘어났다. 안심하고 건강하게 먹을 수 있는 음식에 대한 욕구 때문에 매일 김치를 담그는 우리 식당으로 손님들이 몰려든 것이다.

가족처럼 편안한 분위기 때문인지 가게를 찾는 손님 중에는 손님인지 가족인지 분간이 안 되는 분들도 있다. 손님들 중에는 가게의 일을 자신의 일처럼 챙겨주시는 분들이 많다. 그분들은 영업부장님처럼 우리에게 새로운 정보를 알려주신다. 요즘 어디에 새로운 집이 생겼는데 맛이 있다 없다 이야기해 주신다. 음식이 맛있거나 배울 점이 있으면 한 번 가보라고 추천도 해주신다.

자신에 대한 사랑이 넘치게 하라

가로수길칼국수를 하면서 손님들을 대하며 깨닫게 된 것이 있다. 직장생활을 하면서 바쁘게 생활하던 때에는 미처 몰랐던 것이다. 사람들은 사랑하는 친구, 동료, 가족들과 맛있는 음식을 나누어 먹으며 이야기하는 순간이 가장 행복하다. 그런데 너무 바쁜 현실 때문에 그 짧은 순간의 사랑과 행복을 깨닫지 못한다. 자신의 상황이 힘들어졌을 때 비로소 그때의 그 작고 평범한 일상이 사실은 행복이었음을 깨닫게 된다.

갑자기 작품에 대한 영감이 떠올랐다. 사람들에게 지금이 행복한 순간임을 깨닫게 해줄 수는 없을까? 그래서 '생명의 나무'를 주제로 작품을 만들고 순순한 상태의 사랑을 보여주기로 결심했다. 지끈으로 2개월간 동그랗게 꼬아서 클림트의 생명의 나무를 만들었다. 그리고 그 나무 안에는 나뭇잎 대신 손님들의 추억의 사진을 남기기로 했다. 이것을 '아트 프로젝트'라고 설명하고 손님들에게 이야기해 주었다.

식당 인근에서 살거나 일하면서 잠시 식사를 하러 오는 손님들은 그것의 가치를 잘 깨닫지 못한다. 하지만 일상을 벗어나 여행하는 외국인들에게 설명해 주면 쉽게 이해하고 동참한다. '아트 프로젝트 1'이라 설명하고 추억을 남기는 프로젝트라고 이야기해 주면 거의 대부분의 외국인이 즐겁게 사진을 찍는다.

사람들은 사랑에 대해 특별하게 생각한다. 하지만 그것은 삶의 일부분이다. 사랑이 일상이 되었을 때 나와 남에 대한 구분이 없어지고 타인을 수용하고 받아들이게 된다. 우리는 특히 외국 여행을 할 때 바쁜 일상에서는 보지 못했던 것들을 보고 느낀다. 이때는 열린 마음으로 사람을 대하게 되고 수용적이 된다. 외국인들과 함께 이야기하고 사진을 찍으며 찰나의 순간이지만 행복을 느낀다.

한국에 오면 꼭 우리 음식점에 들르는 일본인 아가씨들이 있다. 음식점에 오면 항상 자신의 사진이 잘 간직되어 있는지 확인하고 친구들에게 소개한다. 사랑하는 사람과 함께 있는 것만으로도 사랑은 큰 의미를 가진다. 사랑하는 사람과 함께 식사를 하는 시간은 더욱 의미가 깊다. 특히 그 순간을 외국에서 함께한다면 그 의미는 더욱 크게 느껴질 것이다.

가로수길칼국수 앞에 조형물 '사랑의 낙지'를 설치해 '아트 프로젝트 2'라고 이름 붙였다. 이것은 내가 학생들을 가르칠 때 수업이 끝나면 손으로 하트 모양을 만들게 했던 것을 회상하며 설치한 것이다. 학생들의 밝은 웃음은 하루의 피로를 풀어주는 신비한 약과도 같았다. 학생들은 작은 손으로 하트를 만들며 수업을 마치고 곧이어 함박웃음을 지었다. 그때의 추억을 회상하며 이 조형물을 포토존으로 만들어서 손님들에게 사진을 찍게 했다. 우리 식당에서 음식을 먹고 가는 손님들이 행복한 순간을 오래도록 간직하게 하기 위한 것인데 이국적인 체험을 하고 싶은 외국인에게 인기가 많다.

외국인들과 함께하는 '아트 프로젝트 1, 2'로 음식점의 고된 일상에서 손님들과 함께 웃으며 즐거움을 찾을 수 있었다. 그래서 '월드 아트 프로젝트 3탄'은 손님들에게 손글씨를 선물해서 추억을 남기는 것으로 해보았다. 한글로 손글씨를 써서 외국인 손님들에게 선물로 주자 그들은 감동했다. 아주 바쁠 때를 제외하고는 시간이 허락하면 틈틈이 붓펜으로 글을 써서 선물한다. 한국에서 받은 손글씨 선물은 외국인에게 특별한 즐거움과 행복을 준다. 사람과 사람이 정을 주고받는다는 것은 작은 일에도 큰 감동을 받는 일이다.

일상에서 느끼는 작은 즐거움이 많으면 일상이 지루하지 않고 행복하다. 그것은 크게 돈이 드는 일도 아니다. 자신이 가지고 있는 자투리 시간을 활용하면 일상에서 소소한 행복을 느낄 수 있다. 행복은 이렇게 바닷

지끈으로 꼬아서 만든 클림트의 '생명의 나무'

폴란드 외국인 손님

일본 외국인 손님

가에서 조약돌을 줍는 것과 같다. 일상에서 사람들과의 관계를 통해 작은 사랑과 행복을 간직한다면 삶은 더욱 풍요롭게 된다.

사랑은 그것을 받기 위해 애쓰는 것이 아니라 자신에 대한 사랑이 넘쳐서 타인에게까지 흘러 들어가야 하는 것이다. 사랑을 구하기만 하는 사람은 항상 목마르고 받지 못한 사랑에 조바심내게 된다. 사랑을 받기 위해 노력하기보다는 사랑을 전해줌으로써 삶은 더욱 자유롭고 풍요롭게 된다. 사랑은 자신을 사랑하는 것에서부터 시작해서 궁극적으로는 모든 것을 수용하고 받아들이는 바다와 같은 것이어야 한다. 그것은 마르지 않는 샘물이 되어 자신에게도 평온을 선물한다.

자신의 강점에 주목하라

자신의 강점에 초점을 맞춰라

'자신을 사랑하라.' 이 말은 수없이 들어봤을 것이다. 하지만 사람들, 특히 여성들 중에는 자신을 사랑하는 방법을 알지 못하는 사람이 많다. 이 세상에 태어난 것만으로도 자신은 부모님에게 큰 선물이고 축복이다. 혹시 다른 사람과 비교하면서 스스로 자존감을 낮추고 있는가? 부러움과 질투로 인해 자신의 소중한 에너지를 낭비하고 있는가? 다른 사람에게 집중하고 부정적인 감정을 쌓는 시간에 차라리 자신에게 집중하고 자신을 사랑하는 긍정의 에너지에 만드는 것이 현명하다. 사랑이 가득 차오를 때 여자는 가장 아름답다.

한국경제신문 컨설팅이나 소상공인 컨설팅을 진행할 때 같은 여자이기 때문인지 나에게는 여성 자영업자들이 컨설팅을 의뢰한 경우가 많았다. 2012년 동대문 제일평화시장에서 수입 의류 잡화 매장을 운영하시는 분이 컨설팅을 의뢰했다. 그녀는 창업한 지 3개월밖에 되지 않아 쇼핑몰 경영 진단과 SNS 마케팅을 의뢰했다. 전에는 부산에서 딸과 함께 큰 의류 회사를 운영했는데 해외의 특급 호텔에 묵으며 패션 박람회를 다닐 정도로 패션 업계에서는 잘나가는 회사였다고 한다. 매출액이 100억 원이나 되는 중견 회사였는데 수출 바이어들이 중국으로 거래처를 옮기고 신상 의류들이 히트를 치지 못하면서 점점 재무 구조가 적자로 전환되어 고전하게 되었다고 했다.

적자가 눈덩이처럼 커지자 그녀는 사업을 접기로 했다. 그리고 지인의 도움을 받아 동대문 제일평화시장에서 의류 잡화를 판매하는 일을 시작했다. 그녀는 회사를 그만두고 시장에서 장사를 하는 것에 대해 다른 사람들이 어떻게 생각할지 남들의 시선이 두렵다고 했다. 현실을 받아들이고 그 안에서 자신의 가치에 집중하는 것밖에 방법이 없었다. 그녀의 경우 시장조사를 하면서 익힌 패션 감각과 거래처들이 자산이 될 수 있다. 그녀는 시장 동향과 함께 수출을 위해서 중국 구석구석 안 다녀본 곳이 없었다. 그것은 한국 시장에는 아직 알려지지는 않은 제품을 수입하여 판매할 수 있는 정보가 된다.

의류의 경우 다양한 치수와 색상 때문에 재고 부담이 많은 반면 가방의 경우에는 재고 부담이 적다. 가방은 순이익 면에서도 좋다. 이렇게 자신이 가진 경험을 활용해서 하나둘씩 순이익을 높이는 방안에 대해서 컨설팅했다. 자신을 내려놓고 남들의 시선에서 자유로워졌을 때 비로소 자신의 강점을 살릴 수 있다. 중요한 것은 자기다움을 놓치지 않는 것이다. 자신의 강점에 초점을 맞출 때 다른 기회의 창도 열린다.

돈이 들어오는 머니 시스템을 만들어라

사람들은 현재의 돈에 중요한 가치를 둔다. 하지만 현재 못지않게 미래의 돈의 가치도 중요하다. 그래서 돈의 가치보다 사람의 마음을 얻는 일을 우선에 두어야 하는 것이다. 신뢰를 얻는 것, 그것은 특히 어려울 때 버틸 수 있는 힘을 준다. 돈은 물질의 교환 가치이다. 내가 일한 것에 대한 정당한 가치를 인정받고 더불어 상대방의 가치를 인정하고 존중함으로써 돈은 순환되어 돌아온다. 돈에 대한 긍정적인 인식이 있어야 돈을 끌어당길 수 있다. 이것이 인과관계에 따른 돈의 순환 구조이다.

자본주의 사회에서는 돈을 만드는 머니 시스템을 구축해야 한다. 시스템을 통해 내가 일하지 않더라도 돈이 내 통장으로 들어오게 해야 한다. 그렇다면 내가 가진 무엇으로 머니 시스템을 만드는 것이 좋을까?

직접적으로는 노동력의 대가를 이용하는 방법이 있고, 간접적으로는 주식, 부동산 월세, 지적 재산권 등의 방법이 있다. 지식 정보를 활용해서 로얄티를 받는 방법도 있다. 특허나 저작권 사용료를 받는 방법은 음원, 템플릿 디자인, 캐릭터, 폰트 등 다양하다. 이것이 매달 100만 원 정도의 고정 수익으로 들어온다고 가정해 보자. 은행 이자로 볼 때 금리 3%로 계산한다면 ○○년 후면 3억 원의 가치를 가지게 되고 경기권의 소형 아파트 한 채 값이 된다. 이런 방식으로 자신의 지식 정보를 활용해 꾸준히 돈이 순환되어 들어올 수 있는 방법을 생각해 보자.

세라하우스 공방을 운영할 때 내가 직접 원샷 잔을 연구하고 디자인해서 실용신안으로 만들었다. 이것을 전통 기념품으로 만들어서 꾸준히 수익이 발생할 수 있도록 구상했다. 디자인을 선택할 때는 베스트셀러와 스테디셀러를 적절히 조화시켜 수익의 균형을 잡는 것이 중요하다. 이렇게 중심을 잡고 지속적으로 순환 구조를 만들어 나갈 때 돈이 자신에게 돌아온다. 애인처럼 사랑하고 아끼면서 자신의 가치를 알아주는 사람에게 돈도 돌아가는 것이다.

무형의 것이 유형의 것으로 환산되는 인과관계와 머니 시스템을 통해서 돈의 순환 구조를 깨닫고 구축해야 한다. 그것은 자신의 삶을 풍요롭게 하고 앞으로 나아갈 힘을 준다. 아는 만큼, 노력하는 만큼 돈은 자신에게 돌아온다.

실용신안 원샷 잔과 오광주

2장 꿈의 화살을 쏘아 명중시켜라

즐거운 여자에게
즐거운 일만 일어나는 이유

He can do, She can do, Why no me!

스펜서 존슨이 쓴 《선물(The Present)》에서는 노인과 소년이 대화를 통해 세상에서 가장 소중한 선물을 찾아가는 과정을 그린다. 노인은 "행복이라는 선물은 스스로 찾아야 해. 오직 너만이 그것을 발견할 수 있는 힘을 갖고 있어"라고 이야기한다.

'Present'는 지금을 즐기는 여자가 받을 수 있는 선물이다. 즐거운 여자에게는 즐거운 일이 일어날 기회도 많다. 'Present'는 처음부터 금수저를 가지고 태어난 사람들만의 특권이 아니다. 비록 흙수저로 태어났어도 현재를 즐기고 일에 몰입하면서 마침내 원하는 것을 얻을 수 있다. 현재 자신의 부족한 현실을 탓하지 말고 모든 일에 감사하는 마음으로 즐겁게 하루를 보낸다면 분명 승리의 여신 빅토리아가 당신과 함께할 것이다.

신은 모든 사람에게 시간이라는 선물을 주었다. 이 시간을 어떻게 사용하고 활용하는가에 따라서 인생은 크게 달라진다. 오늘 하루를 감사하는 마음을 가지고 성실히 보내는 사람에게는 인생의 큰 선물이 기다리고 있다. 감사의 마음은 뇌에서 쾌락의 호르몬을 분비하게 하고 면역력을 증가시킨다. 사소한 일에도 자주 감사하는 마음을 가지면 그 어떤 영양제보다 효과가 좋다.

데무라 히로시 박사는 《생명의 신비 호르몬》에서 도파민을 '감동의 호르몬'이라고 말했다. 엔도르핀, 도파민, 세로토닌은 대표적인 감동 호르몬이다. 엔도르핀은 즐거운 감정이 들 때 분비되는 호르몬으로서 진통제 모르핀보다 200배나 강하다고 한다. 이 호르몬은 암세포도 죽일 만큼 강력한데, 즐거움을 통해 얻는 신체적 · 정신적 효과는 이렇게나 크다.

자신의 삶을 즐기는 긍정적인 여자의 주위에는 사람들이 따른다. 자신과 타인의 삶에 활력을 주며 좋은 영향을 나누기 때문이다. 현재를 즐기며 두려움 없이 자신의 일에 몰입하면 자신도 모르는 사이에 좋은 결과를 낳는다. 두려움은 자신을 현재에 묶어두고 앞으로 나아가지 못하게 하는 반면 긍정적이고 즐거운 생각은 일에 몰입하게 하고 앞으로 나아가게 한다. 즐겁게 일하는 사람은 자신의 한계를 뛰어넘어 더 좋은 성과를 낼 수 있다. 그것은 다음의 경험을 통해 확신할 수 있다.

'글로벌 성공 시대'에 소개된 스타로 실리콘 밸리의 성공 신화 김태연 회장이 있다. 1970년대에 미국으로 이민을 간 그녀는 청소부 일부터 시작했는데 지금은 서울숲 크기에 달하는 대저택(15만 평)의 주인이 되었다. 그녀는 현재 실리콘 밸리에서 6개의 계열사를 가진 기업의 총수이다.

1982년 그녀는 청소부 일을 하면서 양아들과 함께 자신의 집에서 컴퓨터 게임 회사를 창업했다. 그녀는 아들에게 자신의 꿈에 대해 이야기했지만 아들은 불가능하다며 고개를 절래절래 흔들었다. 하지만 그녀는 자신의 사업에 확신이 있었다. 그녀는 컴퓨터를 이용해 클린룸 시스템을 도입해 '라이트하우스'를 창업했다. 실리콘 밸리에서의 성공 확률은 1% 미만이다. 하지만 결국 그녀는 꿈을 이루었고, 그녀의 성공 스토리의 신화가 되었다. 라이트하우스는 전 세계적으로 지사를 거느리는 다국적 기업이 되었다.

He can do, She can do, Why no me!

그도 하고 그녀도 하는데 나는 왜 못해!

이 구호는 그녀가 지치고 힘들 때마다 다시 일어설 수 있게 했다. 그녀는 항상 회사를 즐겁고 활력 있게 만드는 것이 중요하다고 생각했다. 즐겁고 유쾌한 곳에서 창의적인 아이디어와 기술이 나올 수 있다고 믿었다. 하루 종일 지내는 회사에서 즐겁고 신나야 일이 잘 풀린다고 생각한 것이다.

그녀는 직원들이 잘하면 아이처럼 환호성을 지르며 칭찬하고 격려한다. 그리고 중요한 회의도 형식에 얽매이기보다는 당구를 치면서 아이디어를 내고 사업 구상도 한다. 몸도 즐겁고 마음도 즐거워야 열린 자세가 되고 두려움 없이 도전할 수 있다. 복잡한 사업일수록 두려움 없는 열린 마음에서 좋은 아이디어가 나올 수 있다는 것이다. 그래서 그녀는 지금도 일을 즐긴다.

많은 사람들이 생각하는 실패의 이유들이 오히려 그녀에게는 성공을 향한 디딤돌이 되었다. 여자이기 때문에, 집이 가난해서, 이혼녀라서, 키가 작아서, 영어를 못해서 등등의 결핍의 이유가 오히려 반드시 성공하겠다는 의지를 갖게 한 것이다. 고통과 아픔을 밑거름 삼아 꿈을 꾸고 현실에서 벗어날 수 있다는 강력한 의지를 갖게 된 것이다. 그녀의 고통은 하루의 시작이 선물이라는 것을 깨닫게 된 순간 즐거움으로 변했다.

사람들은 성공한 사람의 현재의 모습만 보고 부러워하곤 한다. 하지만 그 사람이 성공하기까지 어떤 고통이 있었는지, 어떠한 가치와 신념으로 시련을 극복했는지를 알면 더 많은 것을 배울 수 있다. 좋은 일이 생기는 사람은 어떤 상황에서도 부정적인 생각을 하지 않고 한 줄기 희망만을 바라본다. 현실을 알고 자신의 상황을 인정하지만 그럼에도 불구하고 그 안에서 희망을 찾고 도전하는 것이다.

자신의 일을 즐길 때 성공은 따라온다

2015년 인터넷을 서핑하던 중 캘리그라피로 쓴 명언을 발견하고 혼자 붓펜으로 따라 써보니 재미가 있었다. 도예 타일 작업에 붓글씨를 활용하면 좋을 것 같았다. 막연히 붓글씨를 좀 더 전문적으로 배우고 싶은 욕심만 가지고 있었는데 우연히 압구정동에 있는 석곡실의 서예실을 방문할 기회가 생겼다. 임권택 감독의 영화 〈서편제〉 포스터 글씨를 쓰면서 대중에게도 잘 알려진 분으로, 현대 서예가 중에서도 최고의 붓글씨로 유명한 분을 직접 뵐 수 있는 영광을 얻게 된 것이다.

하석(박원규) 선생님의 연구실에 들어서자 묵향이 가득했다. 하석 선생님이 붓으로 글씨를 쓰시는데 붓이 자유자재로 마치 학이 춤을 추듯이 움직였다. 초등학교 때부터 10년간 서예를 배웠지만 선생님의 붓글씨는 붓글씨를 처음 본 것처럼 신선하게 다가왔다. 정확한 획을 얻기 위해 배운 서예와 훌륭한 퍼포먼스 예술의 차이였다.

그날 이후 다시 붓을 잡고 싶은 생각에 선생님의 문하생이 되었다. 선생님은 글씨라는 것은 하루아침에 느는 것이 아니라 가랑비에 옷이 젖듯이 즐기는 것이라고 말씀하셨다. 한 분야에서 성공한 대가의 이야기에는 공통적인 것이 있다. 자신의 일에 미치고 즐길 때 부수적으로 따라오는 것이 성공이라는 것이다.

2018년 5월 '부모님의 은혜'라는 노래로 잘 알려진 '부모은중경(父母恩重經)'을 예술의 전당에서 전시했다. 이 전시를 위해 선생님께서는 2016년 5월부터 작품을 진행하셨다고 한다. 석주박물관 회장님께서 일제강점기에 일본으로 건너간 부모은중경의 원본을 어렵게 구해서 선생님에게 작품을 의뢰한 것이다. 선생님은 부모님의 한량없이 깊은 사랑은 광개토대왕의 글씨체가 아니면 표현할 길이 없다고 생각하셨다.

선생님은 부모님의 깊은 사랑을 표현하기 위해 3년간 철저히 준비하셨다. 한국에서는 화선지 크기를 맞추기 힘들어 중국에서 3년간 맞춘 수제

종이, 70만 원 상당의 일본산 수제 고메먹 70자루, 한국의 수제 붓을 비롯해 직접 백두산 천지까지 가서 물을 담아 오셨다. 그야말로 최고의 재료로 작업을 준비했을 뿐 아니라 최고의 정성을 다해 그것을 녹여내 작품으로 표현하고자 했다. 전시실에 들어서는 순간 웅장한 작품에 우선 사람들은 압도당한다.

선생님은 이 모든 과정을 준비하는 동안 힘들어하는 모습 없이 과정을 즐기고 작품을 상상하면서 즐겁게 임하셨다. 그것 또한 나에게는 감명 깊었다. 선생님은 어머니를 생각하면 항상 눈에 눈물이 고인다고 하신다. 부모님의 은혜를 생각하면 가슴이 먹먹해진다고 하신다. 서예가의 길을 가는 선생님을 끝까지 믿고 지원해 주신 어머니의 사랑의 감정을 녹아내 그 과정을 붓글씨로 작품에 쏟아내신다. 그것은 작품을 통해 선생님의 모든 어머니에 대한 사랑과 은혜의 감정을 붓으로 표현하는 것이다. 작가가 혼신의 힘을 다한 작품은 사람들에게 깊은 감동을 준다. 작가가 작품을 쓰는 동안 무아지경이 되어 그 자체를 즐길 때 그것을 보는 사람에게도 그 감동이 고스란히 전해질 수 있는 것이다.

즐겁게 일하는 사람과 함께하면 일도 즐겁고 같이 몰입이 된다. 그래서 즐거운 사람의 주변에는 항상 사람이 많다. 그 사람의 넘치는 에너지를 받으면 동화되어 즐거워지기 때문이다. 그래서 점점 에너지의 파장이 커지고 더 강한 힘을 가지게 된다.

즐겁게 일하면 예상 밖의 좋은 결과를 가져온다. 그리고 즐겁게 일하는 사람에게는 생각지도 못한 많은 기회가 주어진다. 오늘 하루도 즐겁게 생활해 보자. 뜻밖의 선물이 나를 설레게 할 것이다.

하석 선생님의 전북대 70주년 기념 작품 전시

성공하는 전략과 스케줄링

원하는 것을 생생하게 꿈꿔라

"사람들은 재능과 끈질긴 노력이 나의 성공 비결이라고 생각할 것이다. 그러나 진짜 비결은 내게 주어진 현실을 다른 사람들과는 다른 방식으로 받아들이고, 내가 원하는 바를 생생하게 꿈꿀 수 있는 능력이었다."

세계적 호텔 체인인 힐튼 호텔 창업자 콘래드 힐튼(Conrad Hilton)의 일화 중에서 성공에 관한 이야기이다. 콘래드 힐튼은 초라하게 시작했다. 그는 미국 텍사스 주에서 네덜란드 출신의 가난한 이민자의 아들로 태어났다. 거리 행상과 벨보이 등 밑바닥 생활을 전전했지만 그는 다른 호텔 종업원들과는 달리 큰 꿈을 가지고 있었다. 어느 날 그는 신문에서 아스토리아라는 큰 빌딩의 사진을 보고 그 사진을 자기 방에 붙여놓았다. 그리고 매일 미래에 그 호텔의 주인이 된 자신의 모습을 상상했다. 사람들은 한낱 꿈이라고 생각했지만 그는 그것을 현실로 만들기 위해 구체적으로 준비했고, 마침내 그것은 현실이 되었다.

2009년 영국 런던 대학의 필라델피아 랠리 교수 연구팀은 습관에 대해 연구하는 실험을 했다. 이 연구에서는 사람의 행동이 습관이 되기까지는 평균 100일이 필요하다고 했다. 또한 66일이 지나면 그 습관을 안 지키면 불편해진다고 했다. 연구 결과에서 알 수 있듯이 습관은 마음먹는다고 해서 바로 고쳐지는 것이 아니다. 꾸준한 반복을 통해 뇌세포의 기억 저장 장치에 새로운 기억 시스템을 만들어 주어야 하는 것이다.

꿈을 이루기 위한 구체적인 방법

원하는 꿈을 이루기 위해서는 어떻게 해야 할까?

첫째, 꿈을 이루기 위해서는 자신이 가장 원하는 것을 선택하고, 그것을 이루기 위한 목표를 세워야 한다. 예를 들어, 자신이 이루고자 하는 꿈이 있다면 모두 적어본다. 그중에서 원하는 것을 7개로 압축하고, 다시 그중 3개를 선택한다. 최종적으로 1개를 선택한다. 그것이 자신이 가장 원하는 꿈이며 목표가 된다.

자신의 꿈을 숫자를 사용해서 문장으로 만들면 한층 명확해진다. 시작이 반이라고 하지 않는가? 당신도 지금 한 문장을 만들어 보라. 목표를 현실로 이루기 위한 성공의 문에 이미 절반은 들어선 셈이다. "나는 1년 안에 1억 원을 모을 것이다"와 같이 기간과 목표를 구체적으로 수치화해야 한다. 이제 자신의 꿈을 적어보자. "나는 ○년 안에 ○○○을 이룰 것이다." 이 한 문장이면 충분하다.

그리고 만다라트를 만들어 보면 자신이 해야 할 일들이 세분화될 수 있다. 세분화할수록 더 자세하게 실행 리스트를 만들 수 있고, 자신이 해야 할 일을 한눈에 확인할 수 있다. 만다라트를 그리는 방법은 엑셀 파일을 이용하면 쉽다. 중앙에 자신의 원하는 최종 목표를 쓰고 그 옆에는 자신이 이루고자 하는 것 여덟 가지를 적는다. 그 여덟 가지를 하나씩 다시 중심에 놓고 그것을 이루기 위해서 필요한 실행 리스트를 적는다. 한 페이지에 적어놓으면서 자신이 원하는 것과 실행 리스트를 파악하고 현재 진

만다라트

	세부 목표			세부 목표			세부 목표	
		↖		↑		↗		
			세부 목표	세부 목표	세부 목표			
	세부 목표	←	세부 목표	핵심 목표	세부 목표	→	세부 목표	
			세부 목표	세부 목표	세부 목표			
		↙		↓		↘		
	세부 목표			세부 목표			세부 목표	

행 상황을 체크할 수 있다. 계획과 실행 그리고 수정 보완을 통해 자신이 원하는 것을 이루어내는 것이다.

자신의 목표를 매일 확인하기 위해서는 아이디나 카카오톡의 상태 창을 활용하는 것도 효과적이다. 매일 보게 되기 때문에 자신이 이루어야 하는 목표를 무의식중에도 항상 염두에 둘 수 있다. 그것은 우선순위를 결정할 때 중요한 기준이 된다. 자신이 목표한 것에 도달하기 위해서 신속하게 판단할 수 있게 한다.

둘째, 목표를 이루기 위해서는 시간을 돈으로 환산해 보자. 그러면 시간을 더욱 효율적으로 사용할 수 있다. 먼저 내가 하루에 사용할 수 있는 시간을 체크한다. 그중 목표에 도달하기 위한 시간을 월별, 일별, 시간별로 확인해서 실행한다. 성공한 사람들은 아침에 중요한 일의 80%를 하는 습관을 가지고 있다. 하루에 두세 시간만 확보할 수 있다면 이때 집중력이 필요한 중요한 일을 우선적으로 진행한다. 반복적으로 해야 하는 일은 자투리 시간에 한다.

시간을 효율적으로 사용하는 사람은 여유롭다. 급한 일, 중요한 일, 해야 할 일, 천천히 할 일을 구분해 둔다. 그리고 그것을 매일 아침 체크하는 습관을 가진다. 스마트한 시대에는 에버노트를 활용하는 것도 좋다. 에버노트를 활용하면 핸드폰으로 시간, 업무, 정보 등을 정리하고 효율적으로 사용할 수 있다. 지식 시대에 반드시 필요한 아이템이다.

셋째, 꿈이 현실이 되기 위해서는 '실행'이라는 행동이 필요하다. 행동 없는 꿈은 단지 몽상에 불과하다. 실행을 통해서만 결과물을 얻을 수 있

에버노트 초기 화면

다. '할 일 리스트'를 만들어서 꾸준히 실행해 보자. 자신의 꿈을 이루기 위해서는 그 분야에서 성공한 사람의 책을 읽거나 이메일을 보내거나 자신의 멘토나 스승을 직접 찾아가는 열정을 가져야 한다. 자신의 목표가 분명하다면 주저함이 없게 되고 활동적으로 임하게 된다. 그것은 자신의 꿈과 연관된 사람과의 인연을 만들어 준다. 서로가 좋은 영향을 주고받음으로써 자신의 목표를 위한 현실적인 아이디어나 해결점을 찾을 수 있다. 멘토가 필요하거나 도움이 필요한데 구하지 못했다면 나에게 연락해도 좋다. 시간이 걸리더라도 답변을 주겠다(goldbae@hanmail.net).

의외로 멘토를 만나서 조언을 얻는 것을 어려워하는 사람이 많다. 하지만 성공한 사람들은 진심 어린 존경을 표하는 사람에게 호감을 느끼고 도움을 주고 싶어 한다. 그들 역시 성공하기까지 자신을 도와준 사람들이 있었고 자신의 성공을 나누고 싶은 욕구가 있다. 멘토에게 정성 어린 이메일과 문자 메시지를 보내라. 대부분은 늦더라도 답변을 얻을 수 있을 것이다. 좋은 멘토는 길을 가는 데 좋은 나침반과 같은 역할을 해준다. 그리고 불필요한 시간을 절약해 준다. 진심을 다해서 준비하는 열정만 보인다면 기꺼이 바쁜 시간을 쪼개 당신에게 나누어줄 것이다.

넷째, 목표를 이루기 위해서는 혼자 하는 것보다는 같은 목적이 있는 사람들과 함께 동기 부여를 하면서 진행하면 성공 확률이 높아진다. 포기하고 싶은 순간 서로 손을 내밀어 주고 격려해 주기 때문에 힘을 얻고 덜 지칠 수 있다. 새들이 공중을 날 때 서로 번갈아 가면서 V자형을 세움으로써 에너지 소비를 줄이고 중심 대열을 맞춰 장거리 여행을 갈 수 있는 것과 같은 원리이다. 이렇게 동행할 수 있는 사람이 있다면 길을 가는 즐거움도 커진다.

실행을 하다 보면 실패할 수 있다. 용기란 실패 앞에서 무릎 꿇는 것이 아니라 쓰러질 때마다 다시 일어서는 힘이다. 이것이 진정한 성공의 길이다. 성공하는 사람과 실패하는 사람의 차이는 바로 이것이다. 앞으로 가고 뒤로 물러서기를 반복하되 진행을 멈추어서는 안 된다. 한 번 흐름을 잃게 되면 다시 뛰기까지 시간이 걸리기 때문에 꾸준히 일을 진행하는 것이 중요하다.

목표에 도달하기 위해서는 뜨거운 열정의 우뇌와 목표를 이루기 위한 구체적인 계획의 좌뇌가 함께 조화를 이루어야 한다. 만다라트를 활용하면 해야 할 일을 일목요연하게 정리할 수 있다. 가장 눈에 띄는 곳에 붙여두고 항시 일정을 체크한다.

자신의 꿈을 이루는 목표 세분화하기

바나나 다이어트	헬스 1시간(4일)	산책	출간	출간 전시	마케팅 기획	마케팅 월별 기획	이벤트 특별 기획	인스타
5kg 감량	건강	피부 관리	서예 전시 & 공모전	전시	도자기 10작품	페이스북	SNS 마케팅	카카오 프렌즈
일찍 자고, 일찍 일어나기	물 1.5리터 2병	출사	코엑스 전시	특허 출원	카페 관련	홍보 영상 제작	1일 1포스팅	촬영 & 편집
고객 관리	직원 관리	온오프 이벤트	건강	전시	SNS 마케팅	배달 용기	사진 촬영	배달 어플 관리
레시피 메뉴얼	관리 시스템	입출금 관리	관리 시스템	축! 성공	테이크 아웃	이벤트 기획	테이크 아웃	고객 관리
원가 관리	온라인 회원 관리	마케팅 관리	자기 계발	디자인	직영점	불만응대 체크 리스트	게시판 관리	배송 관리 시스템
기도	레이키 마스타	1분 유튜브 영상 공부	월별 배너 관리	신메뉴 관리	이벤트 홍보	사업 계획서	직영 관리	직영점 시스템 만들기
프리미어 공부	자기 계발	어플 동영상 공부	캘리그라피 100개	디자인	배달 용기 디자인	상권 분석	직영점	지출 계획서
월 3권 독서	1일 1포스팅	일주일 1작품	젓갈류 용기	내부 인테리어	조형물 완성	직원 확보	물류 관리	관리 시스템

회복 탄력성이
진짜 실력이다

실행력과 추진력

인터넷 서핑을 하다 우연히 '다니엘 핑크의 21세기의 인재'라는 주제의 강연에 내 이름 석 자가 적혀 있는 것을 보게 되었다. '나의 무엇이 강의 주제가 될 수 있는 거지?' 하는 의문이 생겼다. 강연을 한 분은 한국경제신문에 소개된 '21세기 인재 기획 시리즈'에서 내 기사를 보고 나를 창의적 문제 해결 능력과 실행력을 가진 인재로 생각한 것 같다.

나 자신에 대해서 생각해 보았다. 나의 무엇이 사람들에게 특별해 보이는 걸까? 나를 특별하게 만든 것은 아마도 실행력과 추진력인 것 같다. 대부분의 사람들이 생각한 것을 머릿속에만 가지고 있다면 나는 실행을 통해 결과물을 만들어낸다는 것이 차이점일 것이다. 이런 작은 차이가 전혀 다른 결과를 낳는 것이다.

내가 생각하는 실행력에서 가장 중요한 것은 두 가지이다. 하나는 포기하지 않고 끝까지 하는 것이고, 두 번째는 실행 버튼을 많이 눌러서 성공 확률을 높이는 것이다. 성공하는 사람과 실패하는 사람의 차이는 간단하다. 성공한 사람들의 특징은 생각을 실행하고 목표를 설정하고 현장에서 끊임없이 수정 보완한다. 그리고 수많은 실행 버튼을 통해 데이터를 만들어내고 그것을 분석해서 해결 방안을 만들어 간다. 그것은 현장에 '답'이 있기 때문이다. 현장을 통해 현 상황에 적합한 해결책을 만들면서 완성도를 높이는 것이다.

특히 신속한 실행은 급변하는 시대에서 가장 중요한 수단이 된다. 실행할 수 있다는 것은 그만큼 그 분야에 대해 정통하고 경험이 많다는 것이다. 그것은 빠른 판단을 통해 신속하게 문제를 해결할 수 있게 한다. 실패도 하나의 데이터가 된다. 실패의 다양한 경우의 수 중 하나를 알아낸 것이기 때문이다. 다양한 실패의 과정을 통해 최적의 방법을 찾을 수 있다. 그 시간은 지루하고 또 지루하기 때문에 인내가 필요하다. 하지만 그 과정은 자신만의 노하우가 되고 돈이 된다. 사람들은 비용과 시간을 절약하면서 그 노하우를 배우기 위해 돈을 지불하는 것이다.

그렇다면 실행력을 높이는 방법은 무엇일까? 간단하다. 자신이 해야 할 일을 잊지 않는 것이다. 그러기 위해서는 목표와 스케줄 관리를 통해 자신이 하는 일에 정통해야 한다. 그리고 항상 재부팅하는 습관을 가져야 한다. 괜히 작심삼일이라는 속담이 있는 것이 아니다. 사람의 뇌는 3일 이상 지속된 것들의 90%를 잊어버린다. 그렇기 때문에 눈에 보이게 목표관리를 하면서 자신의 일을 지속적으로 진행하는 습관을 만들어야 한다.

습관이 되기까지는 100일의 시간이 걸린다. 그 기간 동안 자신을 너무 채찍질하면 포기하기 쉽다. 자신에게 너그러운 마음으로 조금 늦더라도 다시 일어나는 습관을 가져야 한다. 중요한 것은 자신이 세운 목표를 달성하는 것이다.

또한 많은 실행 버튼을 눌러봐야 목표에 필요한 것을 얻게 된다. 실행은 명확한 목표를 설정하고 그것에 맞는 세부 목표를 세우며 결과물을 완성해 가는 과정이다. 우선 일을 진행하면서 상황에 맞게 수정 보완해서 완성도를 높여간다.

실행 버튼을 많이 눌러야 성공 확률도 높다

세라하우스 공방을 운영하면서 여러 곳에서 도자기 작품 제작 의뢰가 들어왔다. 또한 창의력 도예 교육 연구, 강사 교육을 통한 전문가 양성, 도자기 전시를 통한 제품 홍보 등 다방면에서 동시 다발적으로 일이 진행되었다. 이 많은 일들을 동시에 진행할 수 있었던 것은 우선순위를 정하고, 업무의 규모를 정하고, 전문 인력을 교육시키고 배치하며, 데이터를 엑셀로 관리함으로써 가능했다. 내가 모든 것을 할 수는 없지만 각각의 전문 분야를 나누어 직원을 관리하는 것은 가능하다. 대표는 이 모든 것을 경영하고 효율적으로 일이 진행되도록 윤활유 역할을 해야 한다.

모든 과정을 직접 진행해 본 경험은 문제가 생겼을 때 효율적으로 해결할 수 있게 한다. 일을 진행해 봐야 어느 영역에서 좋은 성과가 나오는지 방향성을 잡을 수 있기 때문이다. 성과가 나오기 시작하면 성장 가능성이 높은 곳에 자원을 집중해 효율적으로 사용해야 한다. 환경과 상황에 따라 처음 예상과 실제 결과가 달라질 수도 있다. 현장에서 직접 실행하면서 데이터를 분석해야 좋은 결과물이 나올 수 있다.

예를 들어, 처음에 세라하우스 공방 수업은 유아, 초등, 중고등, 성인, 전문가 반으로 나누어 진행했다. 하지만 현장의 반응은 유아와 초등학교에서 좋은 결과가 나왔다. 그래서 학생들의 강의 교안에 비중을 높이고 세분화해서 교육의 질을 높였다. 그리고 성인 취미반은 수강생 모집이 어렵고 시간이 많이 소요되기 때문에 기본 교육으로 진행했다. 이렇게 현장을 반영해 데이터를 재조정해서 자원을 선택과 집중을 통해 효율적으로 관리해야 한다.

가로수길칼국수를 운영한 초창기에는 밥집이어서 그런지 매출의 80%가 바지락칼국수, 들깨수제비에서 나왔다. 저녁시간의 매출 비중에 따라 전체 매출의 변동 폭이 크므로 저녁 메뉴를 보강하는 방식을 통해서 매출을 높일 필요가 있었다. 그래서 저녁 메뉴를 개발하기로 하고 분석에 들어갔다.

기존의 식사 메뉴는 담백하고 시원한 맛으로 중장년층이 선호하는 음식이었다. 20~30대들이 선호하는 매콤한 메뉴가 필요하다는 판단이었다. 그래서 점심 메뉴와 어울리면서도 재고가 생기지 않는 메뉴를 정해 맛집 이미지를 유지할 수 있도록 했다. 점심 메뉴와 구성이 어울리면서 저녁 식사에서 안주가 될 수 있는 메뉴, 기존 재료와 함께 활용할 수 있는 메뉴, 주방의 동선에 적합하고 시설 비용이 적게 드는 메뉴, 주방 인력 보충이 필요 없는 메뉴, 그릇의 활용 등을 감안해서 메뉴를 뽑아보았다. 최종적인 결론은 낙지볶음이었다.

우선은 유명한 낙지볶음 전문점 열 곳을 방문해서 시식을 하고 손님들이 좋아하는 맛을 찾았다. 손님의 건강을 생각해서 조미료 맛이 강한 것을 피해 낙지볶음 레시피를 만들어야 했다. 고급 레시피를 얻기 위해서 여러 방법으로 알아보았다. 낙지전문점 체인 사업을 해야 레시피를 얻을 수 있는 곳도 있었고, 2천만 원의 낙지볶음 소스 기술 전수 비용을 지불해야 하는 곳, 낙지볶음 소스를 구매하는 방법 중에서 한 가지를 선택해야 했다. 세 가지 중 선택할 수 있는 것이 없어서 자체 소스 개발로 결론을 내렸다.

낙지를 팔면 누가 가장 이득을 볼 것인가? 아마 낙지 납품 업체일 것이

새로 개발한 낙지볶음 신메뉴

다. 호텔이나 전문점에 납품하는 낙지 납품 업체 리스트를 뽑아보았다. 그리고 업체 이사님과 통화해서 레시피에 대해 자문을 구했다. 레시피를 얻었다고 모두 현장에서 성공하는 것은 아니다. 강남의 입맛은 자연의 맛을 살리고 자극적이기보다는 건강을 생각하는 맛으로 이를 고려해 다시 우리만의 레시피를 만들었다. 그것은 적중했고 신메뉴는 성공할 수 있었다.

이렇게 현장에서 일을 실행하다 보면 다양한 각도에서 문제의 해결책을 찾아낼 수 있다. 누가 가장 이익을 볼 것인가? 그 사람에게 협조를 얻기 위해서는 무슨 노력을 해야 하는가? 자체 소스 개발은 손님을 대상으로 테스트를 많이 해봐야 하기 때문에 시행 착오가 있을 수밖에 없다. 현장에서 여러 경우의 수를 실행해 보는 것이 중요하다.

한 번에 성공하기를 바란다면 요행을 바라는 것과 다르지 않다. 노하우를 얻기 위해 사람들은 돈을 지불하고 배우지만 스스로 터득한 원리가 없다면 다음에 응용할 수도 없다. 버튼을 많이 눌러봐야 실행의 정확도를 높일 수 있다. 지금 많은 실행의 버튼을 눌러보고 있다면 성공으로 가는 많은 경우의 수를 알아가는 것이다. 인내심을 가지고 계속 실행의 버튼을 눌러야만 경험을 쌓을 수 있고, 좋은 결과를 만들어낼 수 있다.

좋은 습관으로 성공하라

화려하고 겉모습이 멋진 여성보다는 내면의 향기가 매력적이고 자신의 일에도 당당한 여성이 멋있다. 멋있는 여성이 되기 위해서는 스스로 좋은 습관을 가져 인생을 향기롭게 가꿀 수 있어야 한다. 사람은 습관을 통해 흥하기도 하고 망하기도 한다. 바른 정신과 행동은 좋은 인간관계를 만들고 유지할 수 있는 밑거름이 된다. 자신의 습관을 체크해 보고 스스로 변화해 보다 나은 삶으로 나아가야 한다.

다음은 좋은 습관을 가지기 위한 네 가지 시스템이다.

첫째, 가치와 신념 시스템으로서 감사, 믿음, 사랑을 통해 영혼에 양식을 준다.

둘째, 목표 관리 시스템으로서 명확한 목표, 실행, 반복을 통해 결과물을 만든다.

셋째, 자기 관리 시스템으로서 건강, 공부, 휴식을 통해 균형을 이룬 삶을 산다.

넷째, 인간관계 시스템으로서 존중, 경청, 겸손을 통해 사람들과 함께 성장하고 성공한다.

좋은 습관을 가지기 위한 네 가지 시스템의 하부에는 3 · 3 · 3 · 3법칙이 있다.

첫째 가치와 신념 시스템 : 감사, 믿음, 사랑

감사 : 오늘이라는 선물에 감사한다

항상 자신을 사랑하고 주변 사람들을 사랑하는 마음 자세를 가져야 한다. 사랑하는 마음은 자신을 긍정적인 상태로 만들어 에너지를 모으게 한다. 긍정의 상태가 되면 현실을 긍정적으로 해석하고 매사에 감사한 마음을 가지게 된다. 감사는 수동적인 것이 아닌 내가 가진 것에 대한 능동적인 해석이다. 오늘 하루가 많은 것들로 채워질 수 있다는 것을 깨닫고 감사한 마음으로 시작해야 한다. 감사의 마음은 자신을 채우고, 주변 사람들에게 자신의 사랑을 자연스럽게 나누어주게 한다. 감사는 모든 것의 근본이고 시작점이다.

믿음 : 나를 믿어야 남도 나를 믿어준다

자신에 대한 믿음을 가져야 한다. 자신을 믿지 않는 사람은 다른 사람에게서도 믿음을 얻을 수 없다. 믿음은 자아 존중감에서 시작된다. 자신을 사랑하는 긍정적인 상태에서만이 다른 사람들에게 자신의 가치와 신념에 대한 확신을 줄 수 있다. 사람의 마음을 얻기 위해서는 이익에 일희일비하지 않고, 자신의 가치와 신념에 대해 일관성을 가지면서 믿음을 주어야 한다. 그것은 쉽게 얻을 수 있는 것이 아니다. 상대방에게 믿음을 주었을 때 상대방도 그 믿음을 깨지 않기 위해 노력하게 된다. 믿음에 대해 부정적이 되었을 때는 빨리 긍정적인 상태로 돌아오기 위한 훈련이 필요하다. 자신이 좋아하는 음악, 호흡, 명상, 스파, 운동 등을 통해 부정적인 생각을 버려야 한다. 믿음은 내가 먼저 상대방에게 주었을 때 얻어지는 것이다.

사랑 : 사랑은 온유하고 친절하다

사랑을 하는 사람의 눈에서는 빛이 나고 따뜻한 기운이 있다. 이것은 마음이 평화로운 상태가 되어 자연스럽게 보여진다. 가령 불같은 남녀의 사랑이라기보다는 성숙기에 접어든 마음의 상태이다. 친절과 온유는 사람을 존중하는 마음 자세에서 나온다. 이런 행동은 사람들의 마음을 자신에게로 향하게 하는 효과가 있다. 이를 위해서는 조건 없는 사랑을 베풀어야 한다. 사랑이란 큰 것이 아니고 따뜻한 말 한 마디, 배려, 경청, 기다려주기, 함께하기 등 일상에서 우리가 간과하기 쉬운 것들이다. 무엇이 인생을 가치 있고 행복하게 해주는 것인지 기억하고 항상 몸에 습관처럼 지니고 있어야 한다. 사랑은 모든 것을 치유할 수 있는 효과 만점의 치유약과 같다.

둘째 목표 관리 시스템 : 명확한 목표, 실행, 반복

명확한 목표 : 명확한 목표는 이루기 쉽다

명확한 목표를 가져야만 시간, 업무, 해야 할 일에 대해 세부적인 계획을 세울 수 있다. 목표는 수치화해서 지속적으로 관리해야 한다. 목표를 매일 볼 수 있는 곳에 적어놓는다. 목표 관리를 하기 위해서 아침저녁으로 10분씩 자신이 해야 할 일에 대한 메모와 함께 오늘 한 일에 대해 몇 줄이라도 짧게 일기를 쓰는 습관을 가지는 것이 좋다.

실행 : 실행만이 답이다

아무리 좋은 것이라도 생각만 하고 실행하지 않는다면 소용이 없다. 항상 자신이 세운 목표를 끝까지 마무리하는 습관을 가져야 한다. 비록 부정적인 상황에 처하게 되어도 '그럼에도 불구하고' 끝까지 해낸다는 확고한 생각을 가져야 한다. 그런 생각이 지속적으로 추진력을 가지게 하고 끝까지 완수하고자 노력하게 한다. 스케줄링을 통해 일하게 되면 중단하지 않고 실행할 수 있다. 말로 인정받으려 하지 말고 결과를 통해서 자신이 한 말에 대해 책임을 지는 습관을 가져야 한다.

반복 : 꾸준함이 완성도를 높인다

자기만의 일에 집중할 수 있는 시간을 만들어서 생산성 있는 일을 해야 한다. 목표를 세워도 일을 진행하다 보면 많은 변수들이 발생한다. 주위의 반대가 있거나 환경이 뒷받침되지 않는 경우에는 목표를 지속하기가 어렵다. 목표를 실행하기 위해서는 집중할 수 있는 자기만의 시간을 확보하고 지속적으로 진행해야 한다. 이 시간은 아침이 좋다. 성공하는 사람들의 공통점은 아침 시간을 잘 관리하고 이 시간을 활용해 중요한 일을 처리한다는 것이다. 목표를 이루는 과정은 쉽지 않다. 자신의 오래된 습관을 벗어 버릴 수 있는 용기와 도전이 필요하다.

셋째 자기 관리 시스템 : 건강, 공부, 휴식

건강 : 모든 일에 최우선이 되어야 한다

건강은 모든 일에 1순위로 두어야 한다. 건강을 잃고 나서 후회하면 늦다. 목표를 이루기 위해서 건강은 오른팔과도 같은 역할을 한다. 최상의 컨디션을 유지해야 최상의 결과가 나올 수 있다. 건강을 위해서는 운동, 음식, 물, 호흡 등과 관련해 자신의 체질에 맞는 것을 알아야 한다. 사람마다 체질과 특성이 다르기 때문에 면역력이 떨어졌을 때 회복력을 높이는 자신만의 방법도 알아야 한다.

유산소 운동은 산소의 공급을 높여주므로 산책이나 걷기 습관을 갖는 것이 좋다. 스트레스를 풀 수 있는 편안한 친구나 취미가 있으면 더욱 좋다. 모든 여성은 아름답게 태어났다. 외모뿐 아니라 항상 내면의 모습도 잘 다스려야 한다. 아름다움은 하루아침에 만들어지지 않는다. 꾸준한 자기 관리를 통해 여성의 아름다움은 유지될 수 있다.

공부 : 평생 공부를 통해 즐거움을 익힌다

공부를 한다는 것은 끊임없이 자기 성찰을 하는 것이다. 공부는 자신의 업무 향상을 위한 것과 자기 수양을 위한 것으로 나누어서 하는 것이 좋다. 급변하는 사회 환경에 적응하기 위해서는 정보를 얻기 위한 세미나나 모임 등에 참석하여 퇴보하지 않도록 자극을 받아야 한다. 1개월에 두세 권 정도로 자신의 견문을 넓혀줄 수 있는 분야의 책을 골라서 독서를 하는 것도 좋다. 공부하는 즐거움을 안다는 것 자체로 행복할 수 있다.

휴식 : 휴식은 재충전의 에너지이다

휴식 시간을 어떻게 관리하느냐에 따라 삶의 질이 달라진다. 재충전을 통해 몸과 마음의 균형을 잡을 수 있고 가라앉은 기분을 전환시킬 수 있다. 여가 시간을 잘 보내는 사람이 성공할 수 있다. 여가 시간 동안 피로와 스트레스로 지친 몸과 에너지를 회복시킬 수 있기 때문이다. 그 시간만큼은 누구의 구애도 받지 않고 혼자 즐길 수 있어야 한다. 하루에 잠시라도 휴식 시간을 만들어 좋은 컨디션을 유지해야 능률적으로 일할 수 있다.

넷째 인간관계 시스템 세 가지 : 존중, 경청, 겸손

존중 : 인간관계는 존중이 시작이자 끝이다

인간관계를 소홀히 생각해서는 안 된다. 인간관계는 나의 인생을 풍요롭고 아름답게 가꾸는 과수원과도 같다. 일에서의 성공은 미리 계획하고 꾸준히 실행하다 보면 어느 시점에 가서는 도달할 수 있다. 하지만 사람과 사람의 만남에서는 소중히 가꾸지 않으면 신뢰를 쌓기 힘들다. 인간관계는 나 자신을 타인에 비추어 볼 수 있는 거울이 된다. 따라서 서로에게 유익함을 줄 수 있도록 꾸준히 노력해야 한다.

일상의 안부나 생일 축하 등을 통해 상대방을 존중하고 관심을 가진다는 것을 표현해야 한다. 작은 행동으로 인생에서 성공한 사람이 될 수 있다. 우선 자신의 가족부터 잘 돌봐야 한다. 모든 관계는 가족에서부터 시작된다. 가족간에도 자연스럽게 감사의 말을 전하는 습관을 가지는 것이 좋다. 중요한 기념일과 경조사는 핸드폰의 일정 관리를 통해서 한다.

경청 : 상대방의 언어를 습득하여 통역하라

사람의 마음을 가장 쉽게 훔치는 기술은 상대방의 이야기를 적극적으로 듣는 경청이다. 상대방의 이야기를 들으면 애로사항이나 고민을 알 수 있다. 상대방은 자신의 답답한 이야기나 즐거운 추억의 이야기를 들어주는 것만으로도 존중받는 기분이 들어 기분이 더욱 좋아진다. 그것만으로도 상대방을 깊이 이해할 수 있고 함께할 수 있는 방법을 알 수 있다. 사람의 마음은 존중과 경청을 통해서 서서히 열리며 이렇게 쌓인 인연은 소중히 이어진다.

겸손 : 상대를 존중하고 배려한다

겸손은 상대방을 높여줌으로써 자신도 함께 존중받는 효과를 가져온다. 겸손은 자신의 우월함을 감추는 것이 아니라 모든 사람을 존중하고 배려하는 태도에서 나온다. 겸손을 통해서 '우리'라는 느낌이 들게 하며, 함께 있는 사람들에게 편안함을 주게 된다. 겸손은 강한 사람이 자신을 낮춤으로써 상대방을 온전히 받아들이는 깊이 있는 배려의 자세이다. 상대방의 가치를 존중함으로써 신뢰를 얻게 된다. 겸손한 사람은 따뜻함을 가슴속에 품고 있기 때문에 사람들에게 존경과 사랑을 받는다. 그래서 겸손한 사람 곁에는 좋은 사람들이 함께한다. 잘난 사람보다는 겸손한 사람이 좋다.

좋은 습관을 위한 네 가지 시스템

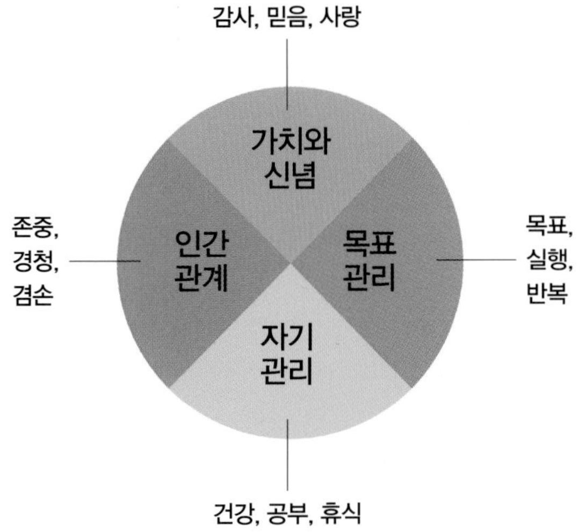

성공하는 여자는 돈의 주인이 된다

돈을 모으고 투자하는 나만의 기준을 가져라

돈도 하나의 생명체이다. 돈을 사랑해야 돈이 모이게 된다. 돈을 쫓아다니는 것이 아니라 돈이 들어오고 쌓이는 시스템을 만들라는 것이다. 여자들은 현실적이고 자기 조절 능력이 뛰어나서 조금만 신경 쓰면 돈을 잘 모을 수 있다. 돈은 버는 것보다는 자신의 주머니에서 새어나가는 것을 조절하는 것이 더 중요하다. 위기의 순간에는 저축해 놓은 것이 큰 힘을 발휘한다. 통장을 여러 개 만들어서 목적에 맞게 이름표를 붙여두면 규모 있게 사용할 수 있다. 돈을 사용하는 것보다 저축하는 데 취미를 가져야 돈이 모인다.

《부자아빠 가난한 아빠》라는 책에서도 알 수 있듯이 사람들은 돈에 대해서 선입견을 가지는 경우가 많다. 돈을 사랑한다고 이야기하면 돈을 밝히는 사람이라고 생각하는 경우가 많다. 하지만 그것은 돈을 부정적으로 바라보기 때문에 생긴 오해이다. 현대 사회에서 돈은 경제생활을 하는 데 있어 필수적이다. 따라서 자신의 돈을 잘 관리하고 투자할 수 있다면 경제적 자유를 누리고 독립할 수 있다.

현대 사회에서는 자신의 의지와는 상관없이 돈이 곧 자신의 가치를 드러내는 잣대가 되어 버렸다. 돈 관리를 잘하지 않으면 다른 사람에게 손을 벌리는 경우가 생길 수 있다. 자신에게 맞는 소비 패턴과 돈의 순환 구조를 만들어야 한다. 특히 중요한 것이 위기 관리 능력이다. 위기 관리를 어떻게 하느냐에 따라 다시 재기할 수도 있고 그대로 곤두박질할 수도 있다.

돈에 대한 자신만의 가치가 있어야 돈도 따라온다. 돈을 사랑하라. 물질적인 것을 추구하라는 것이 아니라 돈이 가지는 효용성에 대해 깊이 인식하자는 것이다. 돈을 사랑해야 낭비하지 않는다. 돈이 돈을 버는 순환 구조를 만들라. 재테크 공부는 하루아침에 완성되는 것이 아니므로 꾸준히 계속해서 투자의 기회가 왔을 때 놓치지 말아야 한다. 종자돈을 만드는 나만의 테크닉을 쌓으면 돈을 모으는 데 재미가 붙는다.

아래의 일곱 가지 방법으로 돈을 모으고 투자하고 나누는 자신만의 기준을 갖도록 하자.

돈을 모으는 첫 번째 방법은 유대인식 사고법으로 자신이 버는 돈의 10%는 무조건 저축한다. 이런저런 핑계를 대지 말고 이 순간부터 무조건 10%를 저축하라. 10%가 없어도 약간 불편할 수는 있어도 죽을 만큼 힘들지는 않다. 황금알을 낳는 거위라고 생각하면 힘들어도 참을 수 있다.

두 번째, 결혼, 주택 구입, 교육, 투자, 은퇴, 창업, 노후 등 각각의 시기별로 필요한 목돈에 대한 계획을 세운다. 그것은 자신의 현재 재정 상황을 파악하고 조절할 수 있는 나침반 역할을 한다. 미혼인 경우에는 자신에게 맞는 포트폴리오를 세우고, 결혼을 했다면 부부가 서로 상의하여 목돈 마련 계획을 세운다.

세 번째, 불필요하게 새어나가는 돈을 체크한다. 고정비용은 자동이체하여 매달 지출되는 돈의 흐름을 파악한다. 신용카드 내역을 보면 불필요하게 사용되는 돈의 용도를 파악할 수 있다. 카드 내역을 보면서 자신의 경제 관념에 대한 개선 또는 다이어트를 실시한다. 특히 스트레스를 소비를 통해 해소하는 여성이 있는데 돈이 적게 드는 스트레스 해소법을 찾아야 한다. 산책이나 독서 등 실질적으로 자신의 건강이나 고민에 대해 해결책을 줄 수 있는 방법이 좋다.

네 번째, 보험은 최소한으로 가입해 최악의 위기에 대처한다. 그래야 투

목적에 따라 이름표를 붙여두고 관리하는 통장들

자할 수 있는 목돈을 만들 수 있다. 주변의 권유 때문에 불필요한 보험에 가입했거나 중복 보장되는 내용이 있는지 점검해 봐야 한다. 실제로 보험에 가입했어도 보장 내용에 빠져 있어서 혜택을 보지 못하는 경우가 많다. 연금이 너무 많은 비중을 차지할 경우 인플레이션을 고려해 보면 별 실효성이 없다. 연금의 비중을 줄이고 투자할 수 있는 종자돈을 확보해야 한다. 자신의 금융 포트폴리오를 수시로 체크해 보고 조언을 받을 수 있는 멘토를 두는 것도 좋다. 수시로 정보를 얻고 조언을 얻을 수 있으면 좋다. 부자를 시기하고 멀리할 것이 아니라 그들에게서 좋은 점은 적극적으로 배우는 자세를 가져야 한다.

다섯 번째, 돈에 관한 주체는 자신이 되어야 하고 자신이 책임져야 한다. 특히 투자는 신중하게 결정하고 원금 보장을 우선으로 생각한다. 이를 위해서는 경제 관념이 있어야 하는데 경제 기사를 찾아보거나 재테크 또는 부동산과 관련된 인터넷 카페, 유튜브, 밴드 등을 통해 꾸준히 공부해야 한다. 특히 투자를 앞두고는 미리 몇 년간 공부하고, 직접 투자는 자신이 판단할 수 있을 때까지는 절대 하지 않는다. 직접 투자를 위해서는 경제 주기를 파악하고 환경의 변수에 따른 변화에 민감해야 한다. 또한 금리, 채권, 환율, 유가, 증권, 부동산 등에 대해서 자신이 판단할 수 있을 만큼의 지식을 갖추어야 한다. 초기에는 무조건 위험에 대비하는 투자를 한다.

목돈을 불리기 위해 투자할 곳을 찾을 때는 환경의 변수에 따라 적절한 타이밍을 살펴야 한다. 금리와 채권에 대해 주기를 파악하고 공부한다. 부동산은 10년 정도 주기로 변동하며 정부 정책에 따라서 결과가 달라진다. 다양한 각도에서 경제 전문가가 되겠다는 각오로 틈나는 대로 공부한다. 주식은 100만 원 정도를 가지고 투자하면 지루하지 않게 경제 공부를 할 수 있다.

여섯 번째, 위기 관리 능력을 가지는 것이다. 위기는 예측하지 못한 불의의 상황이다. 위기는 때로 인생을 송두리째 흔들어 버릴 만큼 위험하다. 따라서 위기 관리 비용에는 절대로 손을 대지 않는다. 투자 비용과 위기 관리 비용은 분리해서 관리해야 한다. 위급한 순간에 가장 많이 손대는 것이 위기 관리 비용인데 이 때문에 회복 불능의 상태에 도달하게 될 수 있다.

기업이나 개인에게 가장 중요한 것이 위기 관리 능력이다. 미리 저축해 놓은 돈이 없으면 위기의 순간에 얼마 되지 않는 돈 때문에 인생이 낭떠러지 아래로 떨어질 수 있다. 위기 관리를 하지 않는다는 것은 퇴직, 부도, 카드빚, 교통사고, 질병, 사기 등 부정적인 상황에 대해서 대비하지 않는 것이다. 하지만 언젠가는 자신도 모르게 이런 위기의 순간을 맞이할 수 있다. 이때 위기를 수습할 수 있는 시간을 벌 수 있는 자금이 있어야 한다. 이런 현실적인 대비가 있어야만 자신감 있게 도전할 수 있고 투자도 할 수 있다.

일곱 번째, 종자돈이 마련되면 돈을 만드는 시스템을 구축한다. 자신이 일을 하지 않아도 돈이 스스로 생명력을 갖추도록 한다. 블루칩 주식의 주기를 파악해서 일정 기간 투자하거나 월세로 이익금이 날 수 있도록 한다.

주식은 단타보다는 환경과 업종의 주기를 파악해서 수익률을 정하고 이익을 실현하면 바로 현금화시킨다. 부동산은 정부 정책에 따라 변동의 폭이 있기 때문에 역세권이나 교육 환경, 1인 가구의 수요 등을 살펴 안정적인 곳에 투자한다. 특히 정책에 대해 잘 파악하고 현재 살고 있는 집 가까이 구매해야 시장 환경이 변동되었을 때 위험 관리를 적절히 할 수 있다. 안정 자금이 확보되면 토지 투자에 대해서도 공부한다.

여덟 번째, 스트레스 관리를 잘해야 한다. 스트레스 상황에서는 이성보다는 감정이 우위에 서기 때문에 돈을 소비하고 나서 뒤늦게 후회하는 경우가 많다. 특히 여성의 경우 스트레스를 잘 다룰 수 있어야 한다. 여자들은 스트레스 상황에서 불필요한 소비를 하는 경우가 많다. 스트레스를 해소할 수 있는 운동, 음악, 그림, 만들기 등의 여가생활을 하도록 한다. 건강한 취미생활은 생활의 활력을 가져오고 건강한 정신을 만들 수 있다.

돈을 만들기 위한 가장 고전적인 방법은 종자돈을 모으고 투자해서 돈 버는 시스템을 만드는 것이다. 따라서 가장 중요한 것은 종자돈을 만드는 것이고, 그 돈이 자신이 일하지 않아도 돈을 가져올 수 있는 시스템을 만드는 것이다. 단순한 공식이다. 무엇이든 원리는 간단하다. 다만 그것이 성공하기 위해서는 포기하지 않고 지속해야 한다. 그리고 미래의 위험에 대비하는 위기 관리 능력을 가져야 한다. 이것은 현실에 대해 감각을 가지는 것이고 이런 대비 없이는 자신감이 생길 수 없다.

지혜로운 여자는 먼저 베푼다

해마다 찾아오는 일본인 가족과의 인연

어떤 사람이 석가모니를 찾아가서 하는 일마다 잘되는 게 없다고 호소했다. 그러자 석가모니는 "당신은 하는 일마다 잘되는 게 없다고 하는데 그 이유는 당신이 돈이 없다는 이유로 남에게 베풀지 않았기 때문이다"라고 이야기했다. 사람에게는 돈이 없어도 베풀 수 있는 일곱 가지 복이 있는데 '화안시', '언시', '심시', '안시', '신시', '좌시', '찰시'이다.

'화안시(和顔施)'란 정다운 얼굴을 하는 것, '언시(言施)'란 위로하고 정스럽게 이야기하는 것, '심시(心施)'란 마음의 문을 열고 따뜻하게 대하는 것, '안시(眼施)'란 호의를 가지고 눈으로 베푸는 것, '좌시(座施)'란 때와 장소에 맞게 자리를 내어주는 것, '신시(身施)'란 몸으로 다른 사람의 짐을 나누어 들어주는 것, '찰시(察施)'란 굳이 말하지 않아도 마음을 헤아려 도와주는 것이다. 석가모니는 "이것이 자연스럽게 습관이 되면 너에게 행운이 올 것이다"라고 하였다. 이 글귀를 읽으면 마음이 따뜻해지는 것을 느낀다. 가진 것이 있어야 남에게 베풀 수 있다는 평소 생각이 부끄러워지는 순간이다. 베풂은 매일 내가 쌓는 덕과 같다.

지식과 지혜는 다르다. '지식'은 학습하고 배움을 통해서 얻을 수 있지만, '지혜'는 인생의 경험을 통해 깊이 생각하면서 얻어지는 경우가 많다. 사실 어머니는 많이 배우지는 못했지만 지식으로 채워질 수 없는 삶을 통해서 얻는 지혜가 있다. 그것은 어떤 힘든 상황에서도 밝은 생각과 행동으로 자신은 물론 다른 사람들에게도 그 즐거움을 나누어주는 것이다. 어머니의 몸에는 그것이 습관처럼 배어 있다.

어머니는 장사하며 고생스럽게 네 딸을 키웠기 때문에 다른 사람을 배려하는 마음이 깊다. 그것은 사람과 사람 사이에 따뜻한 정을 나누면서 마음을 얻는 일이다. 배려하는 마음은 하루아침에 얻어지는 것이 아니다. 삶의 고난을 겪어내면서 그 속에서 마음의 진주알 하나씩을 얻어 자신의 그릇을 넓혀가고 사람을 포용하는 일이다.

2013년 2월, 쌀쌀한 찬바람이 부는 날이었다. 가로수길칼국수에서는 새벽 5시에 가락시장에서 장을 보고 7시쯤 열무김치와 배추김치 겉절이를 담그기 때문에 새벽 시간은 늘 분주하다. 아침 9시쯤 일본 여성 두 명과 아이들이 추위에 덜덜 떨면서 혹시 식사가 되는지 물었다. 아직 오픈하기에는 이른 시간이었고 가게 청소도 되어 있지 않았기 때문에 난감했다. 어머니는 추위에 떨고 있는 일본인이 안돼 보였는지 식사하고 가는 게 좋겠다고 얼른 들어오라고 했다. 일본인들은 추위로 얼었던 몸을 녹이며 감사하다고 말했다. 음식이 나오기도 전에 아이들은 잠이 들었다. 아이들은 곤히 자게 두고 일본 어머니 둘이 먼저 식사를 했다.

어머니는 딸 넷을 업고 장사한 경험이 있다. 이른 아침부터 추위에 떨면서 아이들을 안고 있는 그들을 보니 아마도 어머니가 나를 업고서 항아리를 팔았을 때 따뜻하게 도와주었던 이웃들이 생각이 난 것 같다. 어머니는 아이들이 깨고 나면 음식을 데워주겠다고 하시고 두 일본 어머니가 먼저 식사를 하도록 권했다. 따뜻한 국물이 들어가고 배가 부르니 두 일본 어머니도 잠이 들었다.

한참 시간이 흐르고 아이들이 깨고 나니 배가 고프다고 밥을 찾았다. 어머니는 식은 음식에 양을 푸짐히 더해서 다시 음식을 만들어 주었다. 남에게 피해를 주지 않는다는 일본인도 여행 중에 너무 피곤했는지 체면 불구하고 어머니의 따뜻한 마음을 고맙게 받았다. 그것이 인연이 되어 그 일본인 가족은 한국에 올 때마다 우리 가게를 방문한다. 사심 없는 마음

한 번 맺은 인연으로 매년 찾아오는 일본인 손님

에 감동을 받고 국경 없이 지속적인 인연을 맺게 된 것이다. 사람의 인연은 큰 것이 아니라 이런 사소한 것에서 시작된다.

자신이 배우지 못한 것에 대해 한탄하지 말고 지혜 없음을 부끄럽게 생각해야 한다. 지혜롭다는 것은 자신의 이익을 위해 끊임없이 욕망을 채우는 것이 아니라 이웃과 함께 살아가는 방법을 터득하는 것이다. 함께하기 위해서 자신의 욕망은 줄이고 상대의 이익을 존중할 때 그것이 보다 큰 이익으로 되돌아오는 경우도 많다.

사랑보다 무서운 것이 정이라고 하지 않는가? 정으로 이어진 인연은 오래간다. 굳이 사람의 마음을 얻기 위해 애쓰지 않아도 선한 마음과 행동으로 살아가면 복은 저절로 들어온다.

호주에서 홈스테이 딸이 되다

1995년 대학교 겨울방학 때였다. 둘째 언니는 지리학과를 다녔기 때문에 이미 3개월간 유럽 배낭여행을 다녀왔다. 친했던 고등학교 친구들은 부유해서 미국이나 영국으로 유학이나 어학연수를 가는 게 자연스러웠다. 반면 나는 고생하시는 부모님에게 어학연수를 보내달라고 하기가 눈치 보였다. 그래서 음식점 아르바이트를 하면서 몇 개월간 돈을 모아서 호주로 어학연수를 떠났다. 다른 친구들은 어학연수 전에 미리 몇 달간 학원을 다니며 회화와 문법을 공부해서 왔다. 하지만 나는 음식점 아르바이트를 하고 나면 녹초가 되어서 회화학원은 꿈도 꿀 수 없었다. 그래서 막상 연수를 간 후에도 한동안은 영어의 기본기가 없어서 고생을 했다.

호주에 간 후에 우여곡절 끝에 고등학교 영어 선생님의 집에서 홈스테이를 할 수 있었다. 여기서 기대하지도 않았는데 홈스테이 비용을 반으로 줄이고 영어회화도 배울 수 있었다. 홈스테이 어머니는 동네의 후덕한 아줌마처럼 너그럽고 이해심이 많았다. 반면 아저씨는 이탈리아 이민자로 평소에는 말이 없는 편이었는데 한번 화를 내면 폭발하는 다혈질 스타일이었다.

호주에서 대학교 부설 ELS를 다녔는데 그곳은 영어회화보다는 에세이와 과제가 많았다. 하루는 홈스테이 가족의 집안 이야기를 인터뷰해서 에세이로 써오라는 숙제가 있었다. 항상 화난 표정으로 있는 아저씨에게 숙제를 이야기했더니 예상과는 달리 해주겠다는 것이었다. 이틀에 걸쳐서 본인이 이탈리아에서 호주로 이민 온 이야기와 크루즈 나이트에서 홈스테이 어머니와 첫눈에 반해 결혼하고 그 후 정착하게 된 이야기까지 해주었다. 마지막으로 사업을 하면서 사람에게 뒤통수 맞고 상처받은 이야기도 해주었다.

당시 나의 영어 듣기 실력으로는 아저씨의 이탈리아식 영어 발음을 알아듣기 위해서는 매우 집중해야만 했다. 나는 아주 집중하면서 이틀 동안 아저씨의 이야기를 듣고 적었다. 그 과정에서 조금은 아저씨를 이해하게 되었다. 아저씨도 가슴속에 묻어두었던 본인의 이야기를 잘 알아듣지 못하는 동양인에게 이야기하고 나니 속이 시원한 것 같았다. 그렇게 이야기하면서 아저씨와 마음을 열고 친해지게 되었다.

아줌마는 신기하고 고맙게 생각했다. 몇 년간 대인기피증으로 사람들과 일체 말을 하지 않았던 아저씨가 마음을 열고 이야기를 하면서 다시 조금씩 예전의 모습을 되찾는 것 같다고 했다. 나는 단지 아저씨의 이야기를 열심히 들어준 것밖에 없었는데 이런 작은 친절이 누군가에게는 큰 도움이 될 수 있었던 것이다. 그 일 덕분에 나는 부부의 좋은 딸이 되었다. 홈스테이 딸이 된 기념으로 가족사진도 찍었다.

홈스테이 부모님은 나의 형편을 고려해 홈스테이 비용도 절반으로 줄여주었다. 사람의 정은 국경이 없는 것 같다. 나는 홈스테이 어머니의 설거지를 도와주면서 함께 수다를 떨었다. 학교에서 있었던 일, 숙제, 일과 등에 대해 이야기하면서 자연스레 생활영어를 쓰게 되었다. 당시 홈스테이 학생들은 비용을 지불하기 때문에 집안일을 도와주는 일이 거의 없었다. 그녀의 딸도 어머니를 도와주기보다는 자신의 일이 더 바빴다. 내가 옆에서 수다도 떨고 일도 도와주니 홈스테이 어머니는 무척 고마워했다. 당시에 나도 한국에 대한 향수병으로 외로움이 심했는데 홈스테이 어머니와의 수다로 마음을 달랠 수 있었다. 사람은 작은 것에서 서로 정을 나누고 마음이 깊어진다. 작은 인연의 씨앗이 싹이 트고 자라 나무로 커지는 것이다.

사람들은 베푸는 것을 크게 생각하는 것 같다. 하지만 아주 사소한 것에서부터 첫 복의 씨앗이 있다. 그것은 친절, 배려, 겸손, 미소, 웃음과 같이 눈에 잘 띄지 않지만 선한 아름다움을 간직하는 것이다. 그것은 복을 부르고 자신의 삶을 윤택하게 만들어 준다. 다만 하루아침에 만들어지지 않으며 스스로 가꾸고 채워야 빛을 발한다. 따뜻한 위로의 말 한 마디가 쓰러져 있는 사람을 일으켜 세울 수 있다. 무형의 것은 눈에 보이지 않는다. 하지만 그것은 가슴과 가슴을 통해 전해지고 아름다운 향을 낸다.

삶의 굴곡은
최상의 소리를 만든다

자기 인생의 그래프를 그려보라

삶이라는 그래프의 곡선은 무수한 일들로 채워지며 그 일들은 자신이 직접 선택한 것이다. 자신이 선택한 일이 하나의 점이 되고, 그 점들이 연결되면 나만의 인생 그래프가 완성된다. 인생의 그래프는 누가 대신해서 그려줄 수 없다. 자신이 생각하고 선택한 삶의 연속이기 때문이다. 자신이 선택한 점들이 올라가고 내려가기를 반복하면서 성장하는 그래프를 그리게 된다. 깊이 내려간다는 것은 반대로 생각하면 높이 올라갈 수 있는 폭을 만들어낸다. 고비의 시기마다 긍정적으로 생각하느냐 부정적으로 생각하느냐에 따라 인생은 다른 변곡점을 만들게 된다.

사람들은 각자의 그래프를 가지고 살아간다. 먼저 높은 그래프를 그리고 내려가는 굴곡을 그릴 수도 있고, 잦은 등고선을 그리다가 어느 순간 높이 올라가는 그래프를 그릴 수도 있다. 자신의 길을 가고 있다면 서로 시기가 다를 뿐 어느 순간에는 성장하는 그래프를 그릴 수 있다. 다른 사람의 그래프를 부러워만 한다면 자신의 그래프를 보지 못하게 된다. 자신의 그래프에 집중해야 자신만의 그래프를 그릴 수 있다. 자신의 강점과 단점을 잘 알아야 자신에 맞는 그래프를 그릴 수 있는 것이다.

로키산맥의 수목 한계선에는 3,000~3,500m 지점에 무릎을 꿇은 나무가 있다. 이 나무는 매서운 바람과 눈보라 때문에 비정상적으로 자라게 되었다고 한다. 혹독한 환경에 적응한 나무는 무릎을 꿇은 볼품없는 형태를 하고 있다. 하지만 세상에서 가장 아름다운 소리를 내는 명품 바이올린은 이 나무로 만들어진다. 혹독한 시련을 이겨낸 나무만이 깊은 높낮이의 소리를 낼 수 있는 명품 악기가 되는 것이다.

나의 경우에도 수많은 굴곡의 그래프를 그렸다. 대학교 때 도예를 전공하고 대학원 진학을 준비했다. 하지만 IMF라는 경제 위기 속에서 집안 형편이 어려워지자 당장 취업을 해서 돈을 벌어야 했다. 대학원 준비를 했기 때문에 취업을 위한 기술이 없었던 나는 정부 보조금을 받아 웹 디자인을 속성으로 배웠고 3개월 만에 취업을 했다. 컴퓨터에 익숙하지 않아 야근을 밥 먹듯이 하면서 디자인 공부와 프로그래밍 언어 등 장벽을 넘어갔다. 2년 뒤에는 경력을 쌓아 메인 웹 디자이너로 인정받을 수 있었다.

웹 디자인 경력 10년 차가 되고 안정적인 생활을 지속했다. 하지만 회사가 부도가 났다. 사람들은 시련이라 걱정했지만 나는 이때를 기회로 생각했다. 이직 대신 경험을 살려 창업을 결심하고 6개월간 준비했다. 자본금 5천만 원으로 강남에서 세라하우스 도자기 공방과 쇼핑몰을 시작했다.

교육 시장을 조사해 본 결과 창의력 미술 교육 시장이 전망이 밝았다. 하지만 창의력 도예 교안이 없었기 때문에 해외 사이트에서 논문을 연구하고, 디자인 회사에 다닐 때 사용했던 브레인스토밍과 이미지 맵핑을 활용해 교안을 만들었다. 이후 걸스카우트 남부 연맹, 시립 수련관 등 많은 곳에 강사를 파견하여 교육 사업을 하게 되었다.

걸스카우트 남부 연맹을 통해서 120명가량 학생의 수업을 진행하고, 시립 청소년수련관에서는 60명의 학생, 서대문 청소년수련관에서는 40여 명의 학생, 서울·경기 중학교에서는 60여 명의 학생들을 해마다 가르쳤다. K초등학교에서는 도예 과목을 창의력 재량 수업으로 시작했다. 처음에는 3학년부터 6학년까지 수업을 맡아서 하게 되었지만, 아이들의 반응이 좋아서 720명 전교생의 수업을 하게 되었다. 공방에서 개인 레슨과 성인반 운영까지 포함해 헤아려 보면 8,000여 명의 학생을 가르친 셈이다.

한국경제신문에 나의 성공 스토리가 소개되고 자영업 컨설팅 자문위원으로 위촉되어 컨설팅을 하게 되었다. 또한 소상공인진흥원의 컨설턴트로 활동하면서 컨설팅 영역도 확대해 나갔다. 컨설팅을 하면서 지면에 글을 쓰게 되고 점점 전문가로서 활동 영역이 넓어졌다. 인생의 그래프가 한창 올라가고 있는 중에 다시 나에게 시련이 찾아왔다.

수업과 컨설팅으로 바쁜 나날을 보내는 중에 건물이 리모델링되면서 공방을 요식업으로 변경하라는 건물주의 통보를 받았다. 공방은 잠시 휴식 시간을 가지기로 하고 어머니와 함께 가로수길칼국수를 하기로 했다. 요식업 현장을 누비면서 자영업자들을 가슴으로 이해하는 컨설턴트가 된 것이다. 요식업을 통해 인생의 진정한 의미를 깨우칠 수 있었다. 사실 그동안 나도 힘들다고 생각했지만 남들이 부러워하는 곳에서 그저 열심히 하면 되는 것이었다. 하지만 요식업은 하루하루가 전쟁터와 같이 생존경쟁이 치열하다.

갑자기 숙연해지고 그동안 만족하지 못하고 높은 곳만을 바라보던 자신에 대해 부끄러운 생각이 들었다. 그렇게 올라가기와 내려가기를 반복하는 그래프를 그리면서 삶의 깊이를 배우게 되었다. 또한 요식업을 하면서 다양한 사람을 만나고 그들을 통해 이해의 폭이 넓어졌다. 살면서 하루도 쉬운 날이 없는 나날이었다.

등고선을 그리면서 어느덧 내 나이도 43살이 되었다. 그동안 나는 많은 분들의 도움과 격려를 통해 성장하고 일어설 수 있었다. 내가 받았던 것들을 이제는 다른 사람들과 함께 나눌 수 있는 방법에 대해 생각해 보려 한다. 현장의 생생한 정보를 통해 여성들이 좀 더 쉽게 사회의 한 구성원으로서 당당하게 자신의 길을 갈 수 있도록 도움을 주고자 한다. 어머니가 자신의 고생을 대물림하지 않기 위해 애쓰신 것처럼 나도 사회에서 여성이라는 위치에서 받는 편견에 맞서 당당히 자신의 길을 갈 수 있도록 다른 여성들에게 도움을 주어야겠다고 생각했다. 그것이 내가 받은 것을 다시 세상에 돌려주는 길일 것이다.

능력이 있음에도 불구하고 길을 알지 못해서 방황하는 여성이 많다. 나는 나의 경험을 같이 나누면서 여성들이 자신이 가진 장점을 활용해 자신의 색깔과 길을 찾아갈 수 있도록 도움을 주는 중간 다리 역할을 하고자 한다. 먼저 어려움을 겪은 언니로서 여성들이 자신의 꿈을 찾아 도전하고 자신의 분야에서 우뚝 서기를 바라는 마음이다. 여성들이 자신의 분야를 찾아가는 데 내가 하나의 나침반으로서 작은 도움이 되었으면 한다.

3장 여자라서 꿀 수 있는 꿈이 있다

자신의 꿈을 찾아라

프로가 될 것인가, 연습생이 될 것인가

"당신의 꿈은 무엇인가요?"

한창 먹고 살기 바쁜데 이런 질문을 받는다면 당황스러울 수도 있다. 하지만 당신 스스로 자신의 소중한 꿈을 먼 달나라의 이야기로 만든 것은 아닌가? 꿈을 꾸고 그것을 이루는 일은 당신의 삶을 오아시스로 만들 수 있다. 하나씩 목표를 이루어 가는 동안 당신은 성취감과 행복감을 얻게 된다. 그것은 당신의 삶에 생동감을 주고 자신의 삶에 대한 주도권을 가지게 되며 열정적인 삶을 살 수 있게 한다. 항상 내일을 기대하며 긴장감을 가지고 자신의 삶을 만들어 가게 하는 것이다.

사람들은 꿈을 막연한 대상으로만 생각한다. 꿈을 현실로 만드는 방법을 알지 못하기 때문이다. 당신은 어떤 삶을 살고 싶은가? 당신의 인생이 밝게 빛나길 바라는가? 그렇다면 당신의 잃어버린 꿈을 다시 한 번 꺼내

보자. 꿈을 이루는 사람은 특별한 사람이 아니다. 꿈을 꾸고 그것을 목표로 설정하여 끊임없이 노력하는 사람일 뿐이다. 꿈을 이루는 일은 노력한 사람에게 주어지는 열매이자 선물이다.

꿈을 위해 도전하지 못하는 사람도 나름의 상황이 있을 것이다. 하지만 중요한 것은 그럼에도 불구하고 더 나은 삶을 위해 꿈을 꾸고 도전하며 용기를 내는 사람도 있다는 것이다. 그리고 마지막까지 완주하는 사람이 바로 그 꿈을 이룬다. 실천을 통해서 자신의 꿈을 단지 생각에 머무는 것이 아니라 결과물로 만들어내는 것이다.

어머니 세대들은 누구의 아내, 며느리, 어머니로 인정을 받는 것이 보람이었다. 하지만 중년이 되고 자녀들이 출가하게 되면 자신의 인생에 허무함을 느끼게 된다. 여성들도 자신의 재능을 발휘해서 인정받고 사람들에게 유익함을 주고 가정생활에도 보탬이 되는 일을 하고 싶어 한다. 하지만 여성들에게 주어진 일자리를 보면 현실은 기대에 미치지 못한다. 인터넷 구직·구인 난에 있는 일자리를 보면 대부분이 단순 노무직, 서비스직, 파트타임, 비정규직 등 열악한 환경과 저임금이기 때문에 여성들은 사회에 발을 들여놓기를 꺼리게 된다. 열악한 환경에서 저임금을 받는 대신 그 시간에 자녀교육에 집중한다. 그리고 부업으로 부동산 투자나 재테크를 하며 돈을 버는 방법을 연구한다. 좋은 능력으로 사람들에게 좋은 영향력을 미치고 사회 발전에 큰 버팀목이 될 수 있는데도 말이다.

4차 산업 시대에 들어서면서 특히 여성들이 할 수 있는 일이 많아지고 있다. 단지 여성들 스스로 사회적 경험이 부족하여 그것을 어떻게 만들고 유통해야 할지 그 방법을 모를 뿐이다. 자신의 재능이 무엇인지 깨닫지 못하고 제대로 활용하지도 못하고 있다.

앞으로는 자신의 재능을 활용하여 상품으로 만들고 홍보하고 판매하는 일로 수익을 올릴 수 있다. 현재도 소리소문없이 그렇게 수익을 올리고 있는 사람들이 많이 있다. 프리랜서로 일해서 월 1천만 원 이상을 벌어서 책을 낸 저자도 있고, 해외 직구를 통해 월에 수천만 원을 버는 셀러도 있다. 네이버 스토어팜 판매자, 유튜버 스타, 인스타그램과 페이스북을 통해 상품을 판매해서 월 1천만 원 이상 버는 사람들도 있다.

2000년 초 인터넷으로 물건을 사고파는 가상 현실이 뉴스로 나오던 때였다. H정보에 근무했을 때 우체국에서 인트라넷 쇼핑몰을 만들고 싶다고 해서 직원들을 위한 인트라넷 쇼핑몰을 만들어 준 적이 있다. 그때만 해도 인터넷으로 물건을 산다고 하면 비웃음만 사기 쉬웠다. 프로그래머도 비웃으며 아예 쇼핑몰 프로그램조차 만들어 주지 않아서 내가 일일이 링크를 코딩으로 연결한 웃지 못할 에피소드도 있었다. 인트라넷 쇼핑몰 만드는 일에 대해 긍정적으로 받아들인 것은 차장님과 디자이너였던 나뿐이었다.

새로운 일이 주어지면 사람들은 우선 안정적인 것을 지속하길 바랄 뿐 변화를 원하지 않는다. 그래서 새로운 것을 시도했을 때는 저항하는 사람이 많다. 하지만 처음에는 미흡하지만 수정과 보완을 거듭하면서 계속 성장해 가는 것이다. 꾸준히 보완하면서 고객의 불편함을 해결해 주면 결국 성공으로 이어진다.

몇 년 전만 해도 네이버에서 파워 블로그나 쇼핑몰을 해서 돈을 벌었다는 사람이 많았다. 그래서 너도나도 시작했지만 그중 95%는 시간만 낭비했다고 한다. 하지만 안 되는 이유를 알아내 수정 보완해서 끝까지 계속한 사람들은 돈을 벌었다. 쇼핑몰 강사를 해서 교육을 통해 수익을 올린 사람도 있다. 쇼핑몰을 시작하면 처음 1년은 시장의 환경을 파악하고 플랫폼에 익숙해지고 사람들의 성향을 파악하는 시간이다. 감각이 있으면 몇 년간 노하우를 쌓아 큰 수익을 낼 수도 있다.

사실 여기에 기회가 있다. 물건을 팔 때 가장 중요한 것이 사람간의 신뢰이다. 처음 온라인 쇼핑몰로 물건을 판매했을 때는 온라인의 특성상 돈만 받고 물건에 하자가 있거나 판매자가 없어지는 경우가 많았다. 하지만 고객에게 믿음을 주고 불편한 부분을 수정 보완한 쇼핑몰은 결국 신뢰를 쌓게 된다. 상품에 대한 후기가 좋고 신뢰할 수 있는 곳은 결국 물건 판매도 잘된다.

신뢰도를 쌓기 위해서는 꾸준히 쇼핑몰을 관리하고 일일이 구매자에게 답글을 달아주고 회원들과 소통하면서 믿음을 주어야 한다. 그렇게 하기 위해서는 시간 투자가 필수이다. 1년을 꾸준히 해야 사람들에게 신뢰가 쌓이고 물건도 조금씩 판매된다. 그 시간 동안 회사를 운영하려면 임대료, 인건비, 부대 비용 등의 돈이 필요하다. 그리고 회원을 확보하기 위해서는 마케팅 비용도 많이 든다.

비용을 줄일 수 있는 방법은 없을까? 신뢰를 쌓는 초기에는 집에서 부업으로 하면 초기 투자 비용과 위험을 분산할 수 있다. 처음 쇼핑몰을 시작할 때는 집안에 들여놓을 수 있는 작은 소품 종류나 식구들의 물건을 확보해서 판매해 본다.

예를 들어, 산지의 경우 상품을 직접 촬영하여 직거래하면 유통 비용을 절약할 수 있어서 생산자와 소비자 모두에게 유익하다. 만약 부모님이 재배하는 아이템이 있다면 활용해 봄 직하다. 완도에서 부모님이 배 타고 문어를 잡아오면 딸이 네이버 밴드나 카카오를 통해서 판매하는 경우를 봤는데 부녀가 직접 운영하는 곳이어서 그런지 신뢰도가 더 높았다.

온라인 특성상 처음부터 본업으로 하기는 현실적으로 어렵다. 회원을 일정 수 이상 확보하기까지 매달 고정비용이 들기 때문에 위험 부담도 크다. 처음부터 본격적으로 뛰어들지 말고 집에서 틈틈이 시간을 활용하면 고정비용을 최소화하면서 판매할 수 있다. 초기에는 적은 비용으로 시작해서 수익이 고정비용을 감당할 수 있는 시점에 전적으로 사업화하는 것이 좋다.

시장에서는 1원도 못 버는 사람부터 수억을 버는 사람까지 갭이 크다. 현장에서 돈을 버는 사람들은 다른 사람이 알까 봐 쉬쉬하면서 열심히 돈을 벌고 있다. 블루오션 영역은 회사 다니는 만큼만 고생하자고 각오한다면 여자들도 높은 수입을 올릴 수 있다. 하지만 문제는 선점한 상대들과의 갭이 프로와 연습생 수준이라는 점이다. 이 갭을 어떻게 보완하는가에 따라 당신도 수익을 얻거나 아니면 연습생으로 마감할 수도 있다.

꿈은 머리에, 답은 현장에 있다

세라하우스 도예 재료 쇼핑몰을 만들었을 때 처음 1년 동안은 몇백만 원도 벌지 못했다. 하지만 쇼핑몰을 통해 재료를 도매로 구매할 수 있었고, 교육 프로그램의 재료비를 다른 곳보다 저렴하게 책정할 수 있었다. 덕분에 교육의 질이 높으면서도 다른 교육 업체와 같은 값을 받을 수 있어 더욱 인기가 많았다. 이것은 다른 업체와 차별화되는 경쟁력이었다. 그 다음 해에는 포트폴리오가 만들어지면서 큰 업체들에도 회사 대 회사로 교육 재료와 기자재를 판매할 수 있었다. 일이 진행되면서 판매 유통 통로를 더욱 다양하게 구축할 수 있었다.

초기 1년 동안은 홍보하는 기간이고 고객들과 신뢰를 쌓는 시기이기에 수익보다는 지출이 크다는 점을 미리 알고 있어야 한다. 여성들이 쇼핑몰

카페24에 오픈한 세라하우스의 쇼핑몰

을 한다면 초기에는 집에서 고정비용을 들이지 않고 진행하면서 고객들과 신뢰를 쌓고, 회원이 어느 정도 확보된 이후에 전적으로 투자하면 실패도 적고 성공 확률도 높일 수 있다. 처음 일을 시작할 때는 실패할 경우를 대비해서 최소한의 비용을 투자해야 한다. 그리고 확실히 소득이 발생한 시점에서부터 본격적으로 시작하면 된다. 이것은 위험을 최소한으로 하기 위한 전략이다.

하나의 목표를 이루었을 때 뇌에서 분비되는 신경전달물질인 도파민은 사람에게 쾌감을 준다. 이것을 한번 맛본 사람은 계속해서 동기 부여가 되고 도전하게 된다. 꿈을 이루기 위해 포기하지 않고 지속하는 힘을 가지게 되는 것이다. 또한 어려움을 참고 더 높은 곳을 향해 도전하게 하는 힘이 된다. 여성은 그런 경험을 쌓을 기회가 남성들에 비해 상대적으로 적기 때문에 도전에 대해 두려움을 가진 경우가 많다. 하지만 반대로 생각해 보면 여성은 가장이라는 책임감과 부담감이 상대적으로 적다. 그리고 꼼꼼히 실행하기 때문에 실수가 적어 더 좋은 결과를 얻을 수 있다. 여성이 용기를 내서 시도한다면 생각보다 쉽게 목표를 이룰 수 있다.

꿈을 이루는 것은 자신을 완성해 가는 과정이다. 따라서 그 과정에서 초조해하기보다는 그 자체를 즐기고 문제를 해결해 가면 된다. 당신은 하나씩 실행할 때마다 해결의 실마리를 찾게 될 것이고, 필요한 사람들을 만나게 될 것이다. 당신도 모르는 사이 필요한 것을 선택하고 관련된 분야의 사람을 만나게 된다. 그렇게 끝까지 포기하지 않고 걸어간다면 마지막에는 당신이 원하는 것을 얻을 수 있다.

꿈을 이루기 위해 노력한다면 분명 좋은 인연을 만날 수 있다. 당신의 꿈을 지지해 주는 사람, 당신의 꿈을 이루는 데 도움을 주는 사람, 당신을 행복하게 해주는 사람, 당신의 꿈과 함께하고 싶은 동지를 만나게 될 것이다. 그들은 당신이 꿈을 이루는 데 중요한 자산이 된다. 더불어 당신도 그들의 꿈을 지지해 주는 지지자가 된다. 서로에게 긍정적인 시너지를 주는 관계가 많아진다면 강력한 힘을 발휘할 수 있다.

꿈은 머리에 있지만 답은 현장에 있다. 당신의 꿈을 펼칠 수 있는 곳은 당신의 머릿속이 아니라 현장이라는 것이다. 현장에서 무엇을 필요로 하며 그것을 위해 당신이 할 수 있는 것이 무엇인지 알아야 한다. 당신에게 필요한 기술과 전문 지식이 무엇인지 알아야 한다. 시장에서 요구하는 것을 만들어낼 수 있고 판매할 수 있으면 완벽하다. 현장에서는 박사학위보다는 문제를 해결해낼 수 있는 실전형 인재가 필요하다. 기존의 것을 분석하고 그것에 맞는 솔루션을 만들어낼 수 있어야 한다.

당신이 꿈을 가지고 있다는 것만으로도 신의 축복이다. 당신이 가지고 있는 재능을 펼칠 수 있는 기회의 창은 언제나 마련되어 있다. 당신이 그것을 이루기 위해 어떠한 노력을 하는가에 따라 기꺼이 당신의 것이 될 수 있다. 노력하는 자에게 분명 신은 선물을 준비해 두고 있다.

다음의 문항에서 당신이 꿈을 이루기 위해 얼마나 준비하고 있는지 점검해 보자. 꿈은 장기 목표와 단기 목표로 나눌 수 있다. 그리고 그것을 프로젝트 단위로 나누고 하나씩 실행하면 된다. 구체적으로 수치화할수록 목표를 이루기 쉽다.

1. 당신은 꿈과 목표가 명확하고, 그것을 실행할 실행 리스트가 있는가?
2. 당신의 꿈을 지지해 줄 사람이 있는가?
3. 당신은 꿈을 실현하기 위해 꾸준히 노력할 자신이 있는가?
4. 당신은 자신의 분야에서 전문성을 가지기 위해 보완해야 할 것이 무엇인지 알고 있는가?
5. 당신은 현장에서 필요한 것을 만들어낼 수 있는가?
6. 당신은 자신이 만든 것을 홍보하고 판매할 수 있는가?
7. 당신은 시스템을 만들고 운영할 수 있는가?

이것이 준비되어 있다면 당신이 원하는 것을 이룰 수 있고, 경제적으로 여유를 누릴 수도 있다.

나만의 색깔을 입혀라

'인간은 누구나 각자 독특한 사명을 지니고 태어났다. 그것을 깨닫는 순간 신은 그 사람의 뇌에 모르핀을 분비시켜 능동적으로 일하게 된다. 그리고 성실하게 발전적 사고를 펼쳐가게 된다.' 한국계 2세로 동양의학과 서양의학을 융합한 저명한 의학박사 하루야마 시게요이의 말이다.

세라하우스 공방을 운영하면서 1년에 1천여 명의 학생들을 가르친 결과 학생들은 도예를 좋아하지만 각자 잘하는 분야가 다르다는 것을 알게 되었다. 창의력 도예 수업은 도예를 중심으로 자신의 아이디어를 시각화하기, 작품 만들기, 모둠별 토론하기 과정을 거쳐 마지막에는 발표를 하는 과정으로 진행된다. 그 과정에서 아이디어를 잘 내는 학생, 아이디어를 잘 표현하는 학생, 완성도가 높은 학생, 작품에 대해 논리적으로 잘 설명하는 학생 등 서로 잘하는 분야가 달랐다. 음악을 듣고 작품으로 만들거나 모둠별로 동물원 만들기를 하면 학생들의 재능에 대해 좀 더 자세히 파악할 수 있다. 학생들의 작업을 개인별 포트폴리오로 만들어서 비교·분석하면

80% 정도는 학생의 특성을 파악할 수 있다. 특히 도예 수업은 이전에 학습해 보지 않은 분야이기 때문에 날것의 재능이나 소질을 파악하기 좋다.

꿈을 찾는 내용의 수업은 학생들에게 인기가 좋다. 자기가 되고 싶은 미래의 직업을 주제로 만들어 보라고 하면 학생들은 자신이 좋아하는 것과 잘하는 것 사이에서 고민한다. 예를 들어, 미술을 좋아하는데 그리기를 잘 못하면 고민하는 것이다. 그러면 나는 자신이 무엇을 좋아하고 잘하는지 생각해 보고 그것과 연결해 보라고 말해준다. 만약 내가 미술을 좋아하는데 그림도 잘 그린다면 작가나 디자이너가 될 수 있다. 미술을 좋아하는데 친구들에게 설명을 잘하면 미술 선생님이 될 수 있다. 미술을 좋아하는데 글을 잘 쓴다면 미술 평론가나 미술 관련 기자가 될 수 있다. 자신이 좋아하는 것을 중심으로 자신이 잘하는 것과 결합하면 자신이 가장

수업 시간에 사용했던 다양한 관점의 사과

좋아하면서 잘할 수 있는 일이 무엇인지 알 수 있다.

현재 당신은 무엇을 좋아하는가? 그리고 잘하는 것이 무엇인가? 우선 자신이 무엇을 좋아하는지 알아야 한다. 그 다음 자신이 무엇을 잘하는지 생각해 보고, 좋아하는 것과 잘하는 것을 연결해 본다. 좋아하는 것이 개인의 주관적인 감정이라면 잘하는 것은 객관성을 가진다. 주변 사람들로부터 칭찬을 받는 것을 잘한다고 생각하기 때문이다. 이 두 가지를 연결해 보면 자신의 주관성과 객관성이 일치하는 일을 찾을 수 있다.

자신이 찾은 일이 자신과 어느 정도 맞는지 확인하기 위해 직접 전문가를 만나서 조언을 얻는 것도 좋은 방법이다. 포트폴리오, 자신이 해왔던 경험들, 결과물들을 A4용지 한 장에 써서 보여주면 전문가들은 어느 정도 정확한 조언을 해줄 수 있다. 전문가는 현장의 상황과 당신의 역량을 평가해 줄 수 있다. 의외로 그런 시도를 하는 사람이 소수이기 때문에 당신의 용기를 높이 평가해 준비한 것을 관심 있게 봐줄 것이다.

전문가를 만나는 방법은 여러 가지가 있다. 페이스북, 인스타그램 등에서 팔로우하면서 전문가들의 활동을 살펴볼 수 있다. 코엑스, 킨텍스, 세텍 등에서 하는 박람회 중에서 자신이 관심 있는 분야에 참석해서 그 분야의 전문가들을 만나볼 수도 있다. 이런 박람회에 참석하면 산업 환경, 규모, 사이클 등을 한눈에 파악할 수 있다. 관람하면서 상담하고 더 필요한 것은 이메일이나 직접 방문 일정을 잡는 것이 좋다. 예를 들어, 국제 아트페어 전시에 가면 작가들이 직접 작품을 설명하는 경우가 많다. 그러면 작가와 이야기도 나누어 보고, 대화가 통하면 작가는 자신의 그림에 관심을 갖는 것에 감사함을 느끼고 작업실로 초대하기도 한다. 이렇듯 큰 전시회에서는 전문가들과 자연스럽게 대화를 할 수 있고, 다양한 전문가들을 한 공간에서 만날 수 있어 시간을 절약할 수도 있다.

세 다리만 건너면 모르는 사람이 없다는 말처럼 주위를 둘러보면 얼마든지 정보를 얻을 수 있다. 주변의 지인을 통해 전문가를 만날 수 있는 기회를 만드는 방법도 있다. 지인을 통해 만나면 그 인맥으로 좀 더 깊은 대화를 나눌 수 있다. 한 명의 전문가만 만나지 말고 다양한 사람들과 이야기를 나누다 보면 공통적으로 하는 이야기의 줄기가 있다. 그러면 다양한 경우의 수를 고려하여 선택하면 된다. 모든 일은 자신이 직접 결정해야 한다. 그래야 더욱 책임감을 가지고 열심히 할 수 있다.

자신이 하고자 하는 것이 결정되었다면 이제 브랜드 명을 만들어 보자. 자신만의 색깔을 나타내는 이름을 하나의 단어로 압축해서 표현하면 된다. 예전에는 부모님이 주신 이름은 함부로 부르지 않는 전통이 있어서 '아호'를 지어 불렀다. 자신이 직접 만든 이름은 '자호'라고 해서 자신이 원하는 지향점이나 가치관에 따라 지어 불렀다. 요즘으로 말하면 닉네임이나 브랜드 명쯤이 될 것이다. 자호는 자신만의 색깔을 만들고 강한 동기 부여를 할 수 있게 한다.

서예가 중 일인자라 할 수 있는 추사 김정희(1786~1856)는 호가 무려 200개가 넘는다고 한다. 김정희의 호로는 추사(秋史), 완당(阮堂), 예당(禮堂), 시암(詩庵), 과파(果坡), 노과(老果), 노융(老融), 과농(果農) 등이 있다. 추사는 추기(秋氣)와 같이 맑고 의리를 위해 정진한다는 뜻이 있다. 청나라 유학 시절 옹방강이라는 대실학자를 만나 스승을 기리기 위해 완당(阮堂)이라는 호를 지었다. 과농(果農)이라는 호는 과천에 사는 농부라는 소박한 노년의 심정을 담은 호이다. 추사의 호는 자신의 인격을 상황이나 시기별로 만들어 표현하고 있다.

당신은 어떤 이름으로 자신의 인격을 나타낼 자호를 만들겠는가? 자신의 호를 직접 만들어 봄으로써 자신의 삶을 보다 풍요롭게 하고 격을 높일 수 있다. 또한 자신의 내면을 성찰해 보고 나아갈 방향을 고민해 보는 계기가 된다. 남성들의 호와는 다르게 여성들의 호에는 지명을 넣어 지었는데, 신사임당은 별채의 의미로 '당(堂)'을 넣어 후세에 여성임을 강조하였다. 자신의 이름을 지어 부를 수 있는 자유가 있는 시기에 태어나 자신의 자호를 만든다는 것은 정말 신나는 일이다.

자호를 만들었다면 이제 자신이나 주위 사람들이 불러줘야 생명력을 갖게 된다. 자신의 카카오톡 아이디나 닉네임으로 사용해 보자. 눈에 띄는 곳에 자호를 새겨놓으면 자기 암시 효과가 있다. 그리고 자신도 모르는 사이 그 이름의 영향을 받게 된다. 간직하고 싶거나 상표로 만들고 싶다면 상표 등록을 해두면 된다. www.kipris.or.kr 사이트에 들어가 'search'에서 상표로 설정하고 키워드 검색을 하면 된다. 상표 등록 비용은 변리사를 통하면 출원 비용을 포함해서 60~70만 원 정도 들고, 직접 출원할 경우에는 상표 출원할 때 62,000원, 심사 후 등록할 때 220,120원의 비용이 든다.

나를 가장 잘 아는 사람은 바로 자신이다. 자신의 색깔은 스스로 찾고 만들어 가는 것이다. 자신이 생각하는 바를 신념을 가지고 지켜갈 때 주체적이고 당당하게 자신의 삶을 살 수 있다. 자신이 바로 서야 동등한 입장에서 상대방을 존중해 줄 수 있다.

적성을 찾는 네 가지 방법

적성을 알고 부족한 부분을 채워라

나는 사회 경력 21년 차로 웹 디자이너, 산업 도예 디자이너, 아트 디렉터, 모바일 게임 디자이너, 문화예술 전문 인력, 도예가, 컬러리스트, 창의력 교육 강사, 특허 발명가, 여성 CEO, 창업 컨설턴트, 한국경제신문 소상공인 자문위원, 기술 가치 평가사, 김치 소믈리에, 오너 셰프, 마케터, 작가, 강사, 서예가, 칼럼니스트 등의 직업을 거쳐왔다.

나는 낯선 것에 대한 도전과 그것을 통해 결과물을 얻었던 경험들 덕분에 새로운 것을 받아들이는 데 두려움이 없었다. 남들이 보기에는 고생스러워 보였을지 모르지만 정작 나는 호기심 가득한 마음으로 항상 그 상황을 즐겼던 것 같다. 현장에서 느낀 것은 여성이 필요한 분야는 많지만 정작 여성들은 결혼과 육아라는 장벽으로 인해 자신의 능력을 발휘하기 어렵다는 것이다. 그렇게 시간이 흘러 많은 여성들이 결국 파트타임 서비스직이나 단순 노동을 하는 현실이 안타까웠다.

양질의 일자리에는 많은 사람이 몰려 있다. 이런 일자리는 사회 경험과 경력이 있는 사람에게 주어진다. 회사에서는 직원에게 투자하기보다는 갖추어진 인재를 구하고자 한다. 따라서 스스로 조건을 갖추고 일자리를 찾으면 여러 곳에서 스카우트 제의가 들어올 것이다. 사실 내 자랑이 아니라 나는 일할 때 여기저기에서 부르는 사람이 많아서 일을 쌓아놓고 해야 했다. 일을 잘하는 사람에게는 불경기와 상관없이 일이 쌓여 있으며 스카우트하려 서로 좋은 조건을 제시한다.

그렇게 되기까지 나에게도 부족함을 메꾸기 위한 고독한 배움의 시간이 있었다. 도예과를 나왔기 때문에 컴퓨터 숙련을 해야 했고, 기획을 하기 위해서 인문·사회 관련 공부를 해야 했다. 강의를 하기 위해서는 교육 설계하는 방법, 스피치 방법, 학생들의 데이터를 관리하는 방법 등을 새로 배워야 했다. 당시에는 그 과정이 힘들었지만 지금은 문제가 생겼을 때 쉽게 해결하는 노하우가 생겼다.

혼자서 해결하는 과정을 통해 나만의 무기를 만들 수 있다. 보통 '공부'라고 하면 쪽집게 과외나 학원을 다녀야 한다고 생각하는 경우가 많다. 하지만 나는 회사에 근무하면서 학원을 다닐 시간이 없고 돈도 없다 보니 나만의 방법을 찾아냈다. 정부 기관에서 하는 교육 프로그램과 사설 학원의 장점을 잘 활용하면 시간과 돈을 절약하는 나만의 방법을 찾을 수 있다. 이런 것들을 활용해 나처럼 돈이 없고 시간도 없는 사람들이 희망의 끈을 놓지 않고 조금이라도 배움을 계속할 수 있었으면 한다. 하고자 하는 의지만 있다면 길은 분명히 열린다.

온라인 강좌를 활용하면 일을 하면서 틈틈이 시간을 내서 배울 수 있다. 전문가들에게 연락하여 정보를 얻거나 세미나를 통해 중요한 정보를 얻는 방법도 있다. 정부에서는 정책에 따라 진흥원을 새롭게 만들고 우선 인재 육성을 해서 전문 인력을 키워내고자 한다. 그런 교육 프로그램을 먼저 알아내서 양질의 교육을 받을 수 있다. 정부에서 하는 교육은 특별히 홍보하지 않아도 많은 사람이 신청하므로 정보가 빠른 사람이 우선 혜택을 볼 수 있다.

여성들이 무료 적성 검사를 통해 자신의 적성을 알고 효율적으로 배울 수 있는 교육기관과 방법이 있다. 아래에서 네 가지로 추려 정리했다.

첫째, 여성들이 사회에서 자신에게 적합한 일자리를 구하기 위해서는 자신의 적성과 경력 등을 고려해야 한다. 먼저 자신이 가장 좋아하고 잘하는 분야를 찾아본다. 적성 검사를 통해 자신의 적성을 알아보기 위해서는 일반적으로 MBTI(Myers-Briggs Type Indicator), 지문 검사, 에니어그램, 다중지능 검사 등이 사용된다. 직업 적성을 알기 위해서는 커리어넷, 워크넷 등에 가면 자신의 적성과 직업을 무료로 온라인으로 검사할 수 있다. 구청이나 여성인력센터에 가도 무료로 검사받을 수 있고 상담도 받을 수 있다.

MBTI : 열 여섯 가지로 성격 유형을 분류한 성격 유형 검사

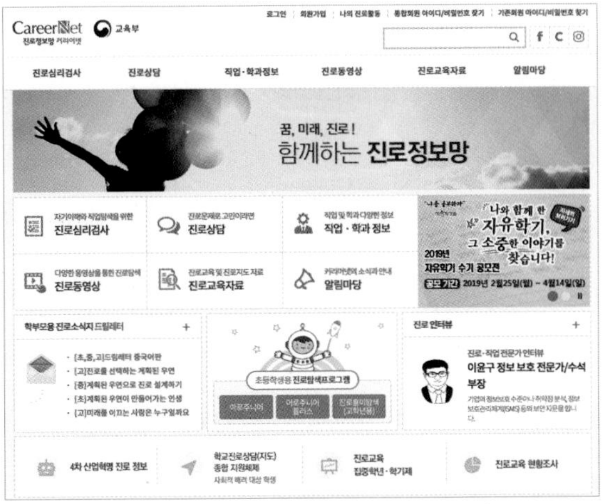

커리어넷

유전자 지문 적성 검사 : 지문을 통해 개인의 지능, 성격, 진로, 적성 등을 검사

에니어그램 : 아홉 가지 유형으로 성격을 분류한 인간 이해의 툴

다중지능 : 모든 사람이 태어날 때부터 가진 여덟 가지 지능에 대한 분류 검사

위의 검사들은 자신의 성격이나 적성을 알기 위해서도 중요하지만 다른 사람을 수용하고 이해하기에도 좋은 학습 툴이다. 가족의 성향을 알면 그들을 이해하는 데 도움이 되고 다양한 성격과 적성을 파악할 수 있다.

둘째, 자신의 적성을 살려서 직업을 얻기 위해서는 해당 분야에 대한 전문적인 정보와 기술을 가지고 있어야 유리하다. 지식의 폭을 넓히기 위해서는 사회·경제·문화·역사 등의 인문학 강좌를 듣는 것이 좋다. 전문지식을 얻기 위해서는 꾸준히 정보를 얻고 자신만의 지식 체계를 쌓아야 한다.

정부에서 하는 한국교육학술정보원(KERIS)에서는 한국 대학들의 무료

공개 강의를 모아 통합적으로 제공하고 있고, 국가평생교육진흥원에서는 K-MOOC의 사이트를 운영하고 있다. 경기도 여성인력센터인 '꿈날개'에서는 필요한 교육 정보와 자격증 교육 강좌를 무료로 제공한다. 직무 능력에 맞는 IT 교육, 문서 작성 능력(한글, 워드, 엑셀, 파워포인트 등), 마케팅 등의 강좌가 유익하다. 정부에서 운영하는 '진흥원' 타이틀을 가진 곳의 교육 과정을 찾아보면 좋은 강좌가 많다. 이곳은 사람들이 많이 찾아 이미 경쟁률이 높으므로 굳이 홍보하지 않는다. 자신이 직접 정보를 찾아보고 지원해야 한다.

각각의 기관들마다 장단점이 있다. 정부 기관의 교육은 현장을 분석한 후 강의를 준비한 것이 많으므로 전체적인 윤곽을 잡는 기초 교육으로 활용하는 것이 좋다. 유료 사이트들은 현장에서 필요한 것을 한 단계 앞서 교육하는 경우가 많다. 1일 특강을 통해서 동향을 파악하고 여러 곳을 비교 분석한 후에 신청하는 것이 좋다. 개인 결과물이 확실히 나올 수 있는지 확인해 보고 적절한 가격인지, 수강생들의 전체적인 평판은 어떤지도 확인한다. 특정인만이 성공한 경우라면 교육의 질보다는 개인의 능력에 따른 것으로 볼 수 있다.

셋째, 자격증, 동영상 제작, 마케팅, SNS, 어학 등 자기 계발 강좌를 통해 실무에 필요한 것을 배운다. 삼성디지털프라자 아카데미, 네이버 파트너스퀘어 온라인 아카데미, 네이버 광고 센터, 쇼핑몰 교육 센터(cafe24, 고도몰), 이베이코리아·아마존·moodo로 모바일 홈페이지 만들기 등을 잘 활용하면 최신 정보와 관련된 마케팅과 현장에 적용할 수 있는 강의들을 무료로 들을 수 있다. 그 밖에도 대기업에는 제품과 함께 교육 강좌도 연계되어 있는 것이 많다. IT 교육이 부족한 부분은 사설 컴퓨터 온라인 교육 강좌를 활용하면 채울 수 있다. 어도비 프리미어, 사운드 포지 등 전문 강의의 수업료는 대부분 5만 원 미만이다.

넷째, 자신의 멘토나 롤모델을 찾아보고 그들에게 직접 연락을 해본다. 자신이 하고 싶은 것이 정해져 있으면 롤모델에게 이메일로 상담하거나 1일 특강 등을 들어보고 자신이 정말로 할 수 있을지 가능성을 알아보는 것이다. 막연하게 생각하는 것과 실제 현장에서 바라보는 모습은 다를 수 있다. 현장에서의 상황과 여건들을 고려해야 한다. 실제로 근무 중인 사람들의 이직률이나 해당 경력들을 알아보면 좋다. 전문직, 취업, 파트타임, 프리랜서, 창업, 재테크 등 여성들이 자신의 환경에 적합한 일자리를 찾기 위해 고민하고, 그와 관련된 자격증을 취득하면 도움이 된다.

다양한 직업과 직업 환경

자신의 환경을 고려해 직업을 선택한다

자신의 적성을 알았다면 이제 자신의 환경에 적합한 일자리를 찾아야 한다. 우선 자신의 현재 직업과 원하는 직업을 적어보자. 책을 읽는 행동이 수동적이라면 직접 손으로 쓰는 과정을 거치면 훨씬 적극적으로 자기 것으로 만들 수 있다. 직업을 가지기 위해서는 자신의 환경과 성향을 먼저 파악해야 한다. 그리고 그것에 맞는 목표를 세우고 세부사항을 작성해야 한다. 여성들이 직업을 가질 수 있는 방법에 대해서 우선 알아보자.

여성이 안정적인 직업을 얻는 첫 번째 방법은 국가공인 전문 자격증을 취득해서 전문가가 되는 것이다. 대학의 진로 상담을 통해 자신의 분야에 맞는 전문 학위와 자격증에는 어떤 것이 있는지 세부적인 사항을 찾아보면 된다. 분야로는 교사, 공무원, 교수, 간호사, 의사, 변호사, 변리사, 세무사, 사회복지사 등과 같은 직업이 있다. 그 밖에 전문직과 유사한 직업에는 기간제 교사, 행정사, 강사, 간호 조무사 등이 있다. 이 중에는 사설 기관에서 자격증을 취득하고 할 수 있는 일도 있다. 비정규직이 대부분이기 때문에 정규직에 비해서 보수나 대우는 절반에도 못 미친다는 점을 고려해야 한다.

두 번째, 회사에 취업해서 연봉을 받는 것이다. 요즘은 60%가 비정규직이기 때문에 조건을 잘 확인해야 한다. 지역별로 여성개발인력센터, 새일자리여성, 여성회관, 문화회관, 구청 등에서 각종 직업 훈련 후 취업을 할 수 있다. 사회에 나오기 전에 정부 기관의 교육을 통해 기본적인 환경과 직무 능력을 익히는 것이다.

단순 파트타임은 인크루트, 알바몬, 벼룩시장 등의 온라인 취업 정보 사이트를 활용해서 정보를 얻는다. 조건식을 통해 자신이 원하는 시간과 임금 그리고 복지 사항 등을 알 수 있다. 집 가까이에 일자리를 얻거나 시간을 효율적으로 활용할 수 있는 반면 임금의 제약이 있다. 근무 조건을 꼼꼼히 비교해 보고 직장과의 거리, 스트레스 강도, 동료, 이직률 등도 고려한다. 여러 곳을 비교해야 좋은 조건을 찾을 수 있다. 단, 건강을 잃으면 번 돈보다 병원비가 더 나올 수 있으므로 주의해야 한다.

세 번째, 자신만의 포트폴리오를 만들어서 프리랜서로 창업하는 것이다. SNS 시대에는 자신의 전문 분야를 브랜딩해서 전문가로 활동하면 여러 경로를 통해 협업이나 일이 들어온다. 분야가 확실히 정해졌다면 하루에 1개씩이라도 사진이나 글을 연재하면서 자신의 전문 분야에 관한 콘텐츠를 쌓아간다. 스스로 공부하는 습관도 가질 수 있고, 사람들과 소통하면서 현실 감각을 익히며 전문가로 성장할 수 있다. 페이스북, 인스타그램, 브런치, 블로그, 핀터레스트, 그라폴리오, 유튜브 등의 카테고리에서 원하는 분야의 상위 3명을 비교·분석하여 자신의 영역의 방향을 잡는다. 영향력을 가진 사람이 어떻게 경력을 쌓고 전문성을 가지고 있으며 자신을 브랜딩하는지 분석해 본다. 그리고 자신과 적용해서 차별화하는 방법을 찾아본다. 차별화는 자신이 잘하는 A와 B를 결합해서 자신만의 C를 만드는 것이다.

네 번째, 집안 살림과 병행할 수 있는 재택근무이다. 여성은 결혼이 인생의 중요한 변곡점이 된다. 출산을 하게 되면 육아 때문에 10년은 묶여 있을 수밖에 없는 것이 현실이다. 양가 부모님이 대신 육아를 책임져 주거나 자신의 급여가 보모의 200% 이상이 되지 않고서는 직장을 가지는 것은 정신적·육체적으로 매우 힘든 일이다. 하지만 육아를 하는 10년의 시간을 얼마나 효율적으로 보내느냐에 따라 이후 사회에서 일자리를 찾을 때 전혀 다른 상황을 맞을 수 있다. 준비한 사람에게는 좋은 기회가 찾아온다.

블로그나 쇼핑몰 등을 활용할 줄 안다면 육아와 관련된 분야를 접목하면 된다. 홈데코, 육아, 요리, 뷰티, 패션 등 자신이 좋아하는 분야와 경제적으로 도움을 줄 수 있는 것을 선택한다. 프리랜서 디자인, 칼럼 쓰기 등도 자신의 손을 놓지 않고 할 수 있는 것들이다.

교육 관련 일은 여성들이 육아를 하면서 병행할 수 있어 가장 선호하는 분야이다. 자신의 아이를 교육시킬 수 있고, 경험을 활용할 수 있어서 더욱 좋다. 개인 과외는 실력에 따라 보수 차이가 크다. 영어, 미술, 음악 등 자신의 전문 분야를 활용해서 개인이나 그룹 과외를 할 수 있다. 커리큘럼이 잘 짜여 있는 교안을 활용하고 심리학 공부를 같이 하면 좋다. 방과후학교, 문화센터, 파트타임 등을 활용해서 자신의 아이를 돌보면서 경험도 쌓는다. 다만 보수가 적기 때문에 보람으로 해야지 안 그러면 급여에 실망할 수 있다. 만약 수입을 높이고자 한다면 한 번 강의를 나갈 때 2~3강좌를 연달아 진행할 수 있도록 담당자와 조율하면 좋다. 이 방면으로 꾸준히 경력을 쌓으면 자녀가 초등학교 고학년이 되었을 때쯤에는 이쪽으로 직업을 갖거나 창업을 할 수도 있다.

다섯 번째, 금융 지식을 활용한 재테크이다. 어머니 세대들이 고전으로 활용한 것이 부동산 재테크이다. 부동산을 잘하기 위해서는 숫자에 민감해야 한다. 금리와 채권, 산업·부동산 정책, 정치 환경에 따라 변동성이 크므로 변화의 흐름을 예측하고 시세 차익을 통한 수익을 가져야 한다. 네이버 부동산이나 부동산 114 등을 활용해서 정보 데이터를 분석한다. 기본기가 튼튼해야 큰돈이 오가는 과정에서 실수하지 않는다.

부동산 정보를 얻은 것을 바탕으로 부지런히 다리품을 팔아 비교 분석하여 좋은 매물이 있을 때 사고팔아야 한다. 또한 부동산은 반드시 부부가 함께 의논하고 결정해야 한다. 돈을 벌면 좋지만 그렇지 않을 경우도 있을 수 있기 때문이다. 은행과 친해져야 목돈도 만들 수 있고 대출도 잘 활용할 수 있다. 부동산 공인중개사, 주택관리사 등의 자격증도 관심이 있으면 도전해 볼 만하다. 단, 자격증 따는 데 시간을 많이 투자하면 실질적인 구매를 위해 정보를 분석하고 투자하는 시간이 부족할 수 있다.

주식은 가치 투자로 경제 공부를 한다는 개념에서 하면 부담이 없다. 자신이 일했던 업종을 위주로 하고, 타이밍을 보고 신속하게 매수와 매도를 할 수 있어야 한다. 투자는 무리하지 않는 선에서 반드시 원칙을 세우고 실천해야 한다. 목표치에 도달하면 바로 수익을 실현해서 다른 통장에 입금하여 원금 보존 원칙을 철저히 지킨다. 투자금액과 수익금은 분리해서 관리한다.

처음 1년 동안은 200만 원 이상을 투자하지 않고 경제 공부를 한다는 개념으로 한다. 이익금이 늘어나도 500만 원 이상 투자하지 않고 원금 보존을 우선으로 해야 한다. 주식에 대한 감각이 있으면 은행 이자나 펀드 수익률보다 훨씬 수익이 높을 수 있다. 하지만 수익에 일희일비하고 감정 조절이 어렵다면 아예 발을 들여놓지 말아야 한다. 3천만 원의 종자돈을 모을 때는 주식을 활용하면 좋다.

고정비용이 드는 창업보다는 1인 기업으로 집에서 프리랜서로 일하는 것이 수입이 높다. 4장에서 소개할 일곱 가지 색깔의 직종은 4차 산업 시기에 전망이 높은 직업들인데 그 길로 들어서서 성공한 여성들의 스토리를 들려줄 것이다. 그들은 자신의 경험과 노하우를 결합하여 새로운 것을 창조해 성공했다. 그것은 타인의 것을 모방하는 것이 아니라 스스로 분석하고 판단해야 하며, 끊임없는 수정과 보완을 거쳐 자신만의 것을 구축했기에 가능한 일이다.

자신의 경력과 4차 산업 시대에 필요한 일을 접목하면 그 분야에서 최고가 될 수 있다. 모방이 아닌 원 플러스 원을 통해서 자신만이 할 수 있는 유일한 영역을 찾는 것이다. 마지막으로 전문가로서 자신을 적극적으로 마케팅해야 한다. 타깃층을 세분화해서 차별화 전략을 세워라. 그래야만 자신이 원하는 분야에서 최고가 될 수 있다.

한발 앞서 준비하라

스카우트되는 경력자는 다르다

여성 경력 취업의 경우는 헤드헌팅 회사를 통해 자신의 경력이 필요한 회사에 취업할 수 있다. 비용이 발생하지만 헤드헌팅 회사에는 다양한 업체 리스트가 있어 내가 직접 회사를 찾는 것보다 효율적이다. 우선 헤드헌팅에 등록해 두고 주변 사람들에게 퇴사한 것을 알리면 필요한 사람들에게서 연락이 온다. 다시 일을 시작하기 전에 자신의 건강을 체크하고 생각을 정리하는 재충전의 시간을 갖는 것도 좋다. 새로운 것을 받아들일 수 있도록 능동적인 상태로 만드는 것이다.

시간을 자유롭게 사용하고 싶은 경우에는 프리랜서 사이트에 등록하여 프로젝트 일감을 얻을 수 있다. 점차 프리랜서 일거리는 늘어나지만 경력과 초급은 일거리와 보수 등 여러 면에서 차이가 있는 것에 유의해야 한다. 자신의 브랜드를 만들어 창업을 하는 것도 시간을 자유롭게 사용하고 수입도 높일 수 있는 방법이다. 단, 자신만의 전문 분야가 있고, 상품을 판매할 수 있는 영업 능력이 있어야 한다. 프리랜서나 1인 창업의 단점은 시스템 기반이 아니면 자신이 쉬는 동안 수입이 없다는 것이다. 자신이 일하지 않아도 고정비용을 해결할 수 있는 파이프 라인을 만들어야 한다.

자신의 전 직장과 연계된 사업을 하는 것도 전문성을 살리며 초기의 영업 비용을 감당할 수 있는 방법이다. 따라서 회사에 근무할 때 성실하고 책임감 있는 모습을 보여야 퇴사 이후에도 일감을 얻거나 추천을 받을 수 있다. 나는 웹 디자이너로 근무했을 당시에 기획 부서나 영업 부서의 직원들과 관계가 원만했다. 클라이언트로부터 수정사항이 있으면 불평하지 않고 업무에 협조했다. 그 덕분에 야간 근무를 하는 경우가 많았고, 업무 부담으로 스트레스를 받기도 했다. 하지만 퇴사 이후에는 같이 일했던 기획팀 직원이나 디자이너들로부터 수시로 스카우트 제의가 들어왔다. 당시 벤처 회사에서는 능력 있는 직원을 스카우트해 오면 인센티브를 받을 수 있는 제도가 있어서 능력을 갖추고 있으면 주변에서 연락이 왔다.

좋은 인간관계는 사회에서 든든한 인맥이 될 수 있다. 세라하우스 공방을 오픈했을 때 6개월간 수입이 유지 비용보다 적었다. 전 직장에서 같이 일했던 직원들이 회사에 외주가 있거나 일거리가 있으면 연락을 주어서 프리랜서 디자이너로 일하면서 초기 공방의 고정비용을 채울 수 있었다. 창업을 할 경우 최악의 상황에도 버틸 수 있어야 자신감 있게 일을 추진할 수 있다. 공방을 운영할 당시 교수님과 선배들이 재료상에 대한 정보와 함께 거래처를 소개해 주었다. 주변인의 추천은 정직과 신뢰가 있어야만 얻을 수 있어 더욱 중요하다. 다른 사람과 함께 일할 때는 일을 잘하는 것도 중요하지만 협력하면서 즐겁게 할 수 있는 인간관계가 더욱 중요하다. 내가 베푼 것 조금 때문에 훗날에도 그 사람이 생각나고 다시 함께하고 싶다는 생각이 들 수 있다. 퇴사 이후에도 자신의 자리에 여운이 남을 수 있게 해야 한다.

회사에 근무하는 경우에도 자신의 경력을 해마다 업그레이드해야 한다. 연초마다 이력서를 써보자. 그러면 자신의 경력이 어떻게 변화되어 가고 있으며 필요한 부분이 무엇인지 생각해 볼 수 있다. 필요한 부분은 자격증이나 교육을 통해 업그레이드하면 된다.

나의 경우 디자인 회사에 근무하지만 도예를 전공했기 때문에 색감이 부족해서 컬러리스트 자격증 1급을 공부하며 보완했다. 온라인 수강을 하며 1차 시험을 준비했다. 회사에서 컬러 차트를 활용해서 색을 선택하기 때문에 어렵지 않게 공부할 수 있었고, 내가 몰랐던 컬러 배색에 대해서 전문적으로 공부할 수 있어서 업무에도 큰 도움이 되었다. 실기 시험이 7회 차여서 시험의 난이도가 높지 않았다. 업무 일정이 빡빡해서 연습 한 번 못하고 시험을 치렀지만 다행히 회사에서 항상 컬러 콘셉트를 잡아서 설명하고 배색했던 것이 도움이 되어 무난히 합격할 수 있었다. 완전히 새로운 분야의 자격증보다 자신의 업무에 플러스 알파가 될 수 있는 자격증이 전문성을 높일 수 있고 시험에도 쉽게 합격할 수 있다.

공방을 운영하다 보니 시스템을 갖추고 데이터를 기반으로 전문성을 높일 필요가 있었다. 여성경제인협회에서 70%를 지원해 주는 여성 CEO

MBA를 지원했는데, 다른 여성 CEO들은 대부분 무역, 디자인, 화장품, 인테리어, 의류, 교육, 영화, 변리, 공인회계, 발명 등 여성이 유리한 업종에 종사하고 있었다. 교육과 함께 그들의 생생한 경험담을 들을 수 있고 서로의 애로점에 대해서 조언도 해주고 영업에 도움을 주기도 했다. 무엇보다도 일하면서 틈틈이 공부했기에 자긍심이 높아졌다. 아무리 좋은 기회가 와도 그것을 자신의 것으로 소화시키지 못하면 주변인에 머물게 된다. 공동체의 모임에서는 도움을 주고받을 수 있어야 관계를 오래 유지할 수 있다.

한국경제 컨설팅 디자인 공예 자문위원으로 위촉되었을 때에도 전문성을 높이기 위해서 소상공인진흥원의 컨설턴트에도 지원해서 컨설턴트가 되어 서로 보완해 나갔다. 진흥원에서는 컨설턴트들의 재교육 과정을 통해 컨설팅의 전문성을 높였다. 경영, 마케팅, 기술 전수, 상권 조사 등 다양한 분야의 컨설턴트 재교육으로 다른 영역도 공부하며 컨설팅의 전문성을 높이도록 했다.

이렇게 자신의 업무에서 전문성을 높일 수 있는 부분을 찾아보면 무궁무진하다. 자신의 중심은 지키되 관련된 다른 영역도 하나씩 채워가면서 자신의 능력을 업그레이드하는 것이다. 배움은 배움에서 끝이 나면 의미가 없다. 교육을 통해 성과를 만들어야 효과가 있다. 배운 것을 자신의 분야에 접목해서 결과를 만들어내는 것은 자신의 몫이다. 이를 위해서는 전체를 보는 눈을 길러야 하고 디테일에 강해야 한다.

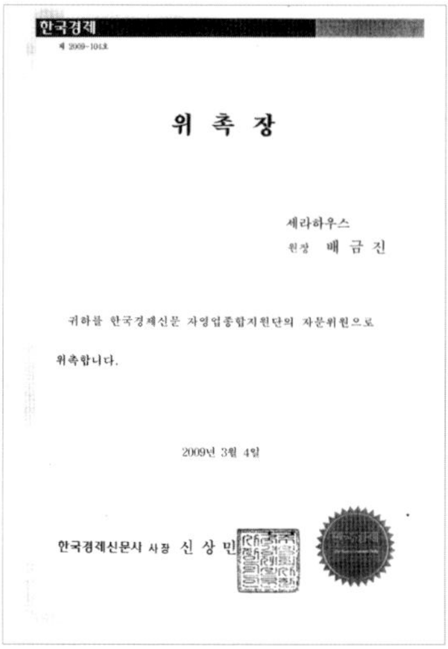

한국경제

제 2009-104호

위 촉 장

세라하우스

원장 배 금 진

귀하를 한국경제신문 자영업종합지원단의 자문위원으로 위촉합니다.

2009년 3월 4일

한국경제신문사 사장 신 상 민

한국경제신문사 자영업 컨설팅 자문위원 위촉장

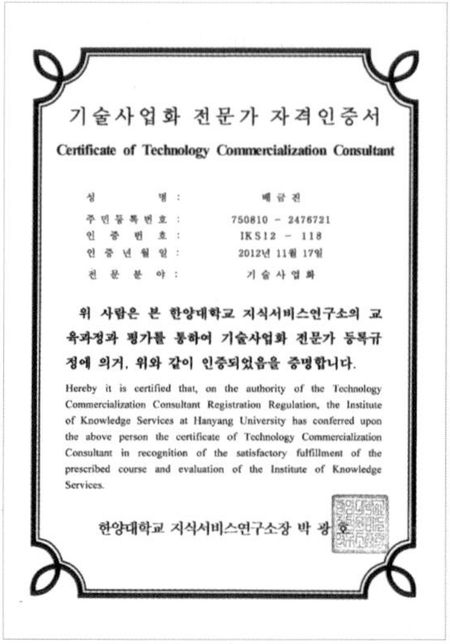

기술사업화 전문가 자격인증서

Certificate of Technology Commercialization Consultant

성 명 : 배금진
주민등록번호 : 750810 - 2476721
인 증 번 호 : IKS12 - 118
인 증 년 월 일 : 2012년 11월 17일
전 문 분 야 : 기술사업화

위 사람은 본 한양대학교 지식서비스연구소의 교육과정과 평가를 통하여 기술사업화 전문가 등록규정에 의거, 위와 같이 인증되었음을 증명합니다.

Hereby it is certified that, on the authority of the Technology Commercialization Consultant Registration Regulation, the Institute of Knowledge Services at Hanyang University has conferred upon the above person the certificate of Technology Commercialization Consultant in recognition of the satisfactory fulfillment of the prescribed course and evaluation of the Institute of Knowledge Services.

한양대학교 지식서비스연구소장 박 광 호

한양대학교 & 코트라 인증 기술사업화 전문가 자격증

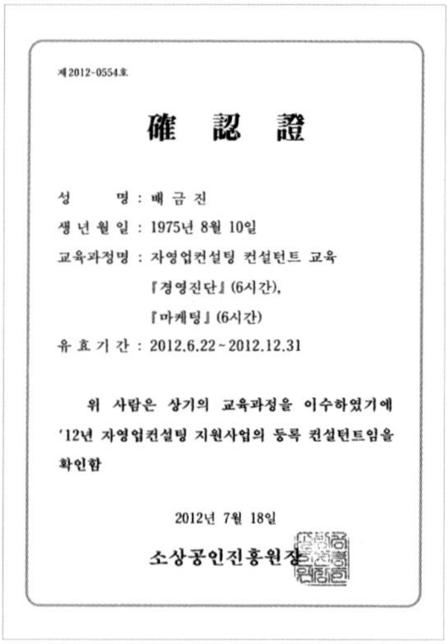

제 2012-0554호

確 認 證

성 명 : 배 금 진
생 년 월 일 : 1975년 8월 10일
교육과정명 : 자영업컨설팅 컨설턴트 교육
『경영진단』(6시간),
『마케팅』(6시간)
유 효 기 간 : 2012.6.22~2012.12.31

위 사람은 상기의 교육과정을 이수하였기에 '12년 자영업컨설팅 지원사업의 등록 컨설턴트임을 확인함

2012년 7월 18일

소상공인진흥원장

소상공인진흥원 컨설턴트

4차 산업 시대에 대비하라

4차 산업의 초연결 사회에서는 인공지능(AI), 가상현실(VR), 증강현실(AR), 사물인터넷(IoT) 등을 통해 사람들이 연결된다. 디지털 기술이 발전함에 따라 고부가가치 산업에 필요한 지식과 정보를 가진 인력이 필요하다. 대학교에서의 교육은 현장의 것을 분석한 이론이기 때문에 현실에 뒤떨어진 경우가 많다. 4차 산업과 관련된 교육은 사설 기관에서 배우는 것이 취업이나 창업에 더 유리하다. 특히 여성은 모바일 콘텐츠, 디자인, 멀티미디어, 동영상, 쇼핑몰 등과 연관된 일을 찾아 전문성을 키우면 좋다. 직장의 월급은 정해져 있으므로 인센티브나 투잡 등을 하면 수입을 높일 수 있다.

콘텐츠 크리에이터는 프리랜서 근무가 가능하다. 프리랜서 사이트에서는 프로젝트 단위로 일의 가격이 매겨진다. 크몽(kmong.com)에서는 재능 판매를 하는데 이곳에서 전문가로 활동하기 위해서는 자신만의 좋은 포트폴리오를 가지고 있어야 한다.

전문가가 되기 위해서는 우선 자신을 브랜딩하고 홍보해야 한다. 이때 홈페이지, 블로그, 카페는 집의 역할을 한다. 자신의 프로필이나 현재 진행 상황을 알리는 소통의 중심 역활을 하기 때문이다. 페이스북, 인스타그램, 유튜브는 사람들과 이야기하면서 자신의 집으로 초대하는 중간 다리 역할을 한다. 이 플랫폼들에는 실시간으로 콘텐츠를 올리기 때문에 일상의 이야기들이 많다. 다양한 플랫폼들을 각각의 용도에 맞게 확장하고 성장시켜야 한다. 이것은 오래 시간 정성을 들여야 가능한데 조급해하지 말고 자신이 가지고 있는 가치관과 생각을 공유하고 공감대를 형성해야 한다. 그리고 무엇보다 자신이 플랫폼의 주체가 되어 이끌어야 한다.

요즘은 페이스북이나 인스타그램을 통해 홍보와 판매가 같이 이루어진다. 1일 특강, 무료 행사, 이벤트 등을 공지해 온라인상에서 상품을 판매할 수 있다. 앞으로도 이러한 온라인상의 소규모 홍보 마케팅 전략은 유용하게 사용될 것이다.

온라인상 홍보 마케팅에서는 빠른 속도로 유행이 지나기 때문에 즉시 반영하고 실행해야 효과를 볼 수 있다. 동종 업계의 동향과 자신의 포지셔닝, 소비자들의 욕구를 파악해야 상호간에 윈윈 전략을 세울 수 있다. 예를 들어, 요즘은 뷰티 산업 쪽에서 타깃 마케팅을 많이 하고 있다. 타깃 고객을 좁게 설정해 광고하는 것으로 실구매자들에게 피부 미용에 대한 할인 혜택을 주는 이벤트를 진행한다. 그들의 마케팅 기법을 벤치마킹해서 자신의 영역에 어떻게 접목하고 활용할지 분석해 볼 수 있다. 이것은 1인 기업이나 소규모 업체의 경우 활용하기에 적절하다. 기업의 경우에는 미리 소비자의 패턴을 연구해서 반 템포 앞서서 소비자들의 욕구를 자극해야 한다. 이것은 비용이 많이 들어간다. 개인이나 소규모 회사는 큰 흐름을 타고 가면서 자신에 맞게 변형시키는 방법이 유용하다. 그렇게 하다 보면 자신만의 패턴이 생기고 차별화도 꾀할 수 있다. 무엇이든지 단순화시켜 실행 가능하도록 해야 한다.

경단녀의 성공하는 취업 전략

뜻이 있는 곳에서 길을 찾아라

2017년 통계청 자료에 의하면 직장을 그만두게 된 이유 1위는 결혼(34.6%), 2위는 육아(32.1%)였고, 그 밖에는 임신과 출산(24.9%), 가족 돌봄(4.4%), 자녀교육(4.1%)이 있었다. 여성 취업의 장애 요인 1위는 육아(47.9%)로 현실적인 어려움을 실감할 수 있다. 여성의 사회 진출 욕구는 높지만 육아 문제로 인해서 취업에 애로점이 많은 것이다.

2013년 여성 요식업 창업을 컨설팅할 때였다. 컨설팅을 받으러 온 여성의 눈빛에서 창업 의지가 전혀 보이지 않았다. 그녀에게 왜 음식점을 창업하려고 하는지 물어보았다. 그녀는 자신은 밖에 나가서 일하기 싫은데 남편이 혼자 두 아이의 교육비와 생활비를 감당하기 힘드니 당신도 뭐라도 해보라고 해서 떠밀려 나왔다고 했다. 취업도 힘든 마당에 창업은 엄두가 나지 않는다는 것이었다.

창업이나 취업을 하기 위해서는 왜 그것을 하고 싶은지 먼저 자신을 설득할 수 있어야 한다. 스스로 동기 부여가 되었을 때 일자리를 찾아도 늦지 않다. 경력이 단절된 여성일수록 두려움은 더 크다. 아무리 결혼 전에 능력이 있었던 여성이라도 육아 때문에 공백이 길어지면 자신이 없어지는 것은 당연하다. 자신감을 가지고 자신의 예전 경력과 경험 그리고 앞으로 자신이 하고자 하는 일에 초점을 맞춘다. 뜻이 있는 곳에 길이 있다고 하지 않는가? 현장에서 직접 이야기를 듣고 경험하다 보면 당신이 원하는 일을 찾을 수 있다.

한국정보화진흥원의 조사에 따르면 경력 단절 여성 중 취업자 수는 절반에도 미치지 못한다. 그 이유는 구직자와 구인자의 눈높이가 서로 다르기 때문이다. 현재 정부도 경력 단절 여성들의 재취업 문제를 정책적으로 지원하고 있고, 대기업도 경단녀에게 재취업 일자리를 제공하고 있다. 정부에서는 공공 기관과 지방자치단체에 경력 단절 여성을 위한 일자리를 정책적으로 늘리도록 하였다. 경단녀를 위한 정부 기관의 정보를 잘 활용해 상담과 교육을 받아볼 수 있다. 정부에서 지원하는 센터에서는 취업과 관련된 정보와 함께 진로상담사를 두고 있기 때문에 먼저 이곳에 문을 두드리는 것이 좋다.

경력 단절 여성은 구직, 재취업, 교육, 창업 등과 관련해 다음의 곳을 활용하면 좋은 정보를 얻을 수 있다. 경단녀의 취업 준비 순서를 정리해 보자.

첫째, 경단녀의 취업에 관한 전반적인 상담을 받는다. 여성가족부에서는 전국 130개의 새로일하기센터를 운영하고 있다. 이곳에서는 경단녀들을 고려한 상담과 취업을 연계한 교육, 인턴십, 취업 및 사후 관리를 종합적으로 지원하고 있다. 서울시에서는 총 25개의 서울새일지원본부(서울시 여성능력개발원)를 가지고 있다. 전문 직업상담사가 경단녀의 취업을 상담 설계해 준다. 인턴 제도와 취업 연계가 잘되어 있다.

– 새로일하기센터 : saeil.mogef.go.kr

– 서울시여성능력개발원 : swrd.seoulwomanup.or.kr

둘째, 당장 구직이 필요한 사람은 고용센터에 가서 먼저 '구직 등록'을 한다. 이곳에서 구직 상담도 받고 자신에게 맞는 교육에 대한 정보도 얻을 수 있다. 고용보험에 가입되어 있으면 내일배움카드에서 200만 원 한도에서 국비지원 교육 프로그램을 신청할 수 있다. 주로 취업에 연관된 자격증 과정과 실무를 배울 수 있는 프로그램으로 구성되어 있다.

– 워크넷 : www.work.go.kr

셋째, 취업 창업 교육을 받는다. 상권 분석, 업종 분석, 대출 등 창업에 관련된 정보를 얻기 위해서 소상공인진흥센터를 활용한다. 이곳에서는 창업에 대한 전반적인 프로세스를 알 수 있다. 또한 창업 전에 상권과 업종에 대한 컨설팅도 받아볼 수 있다.

– 소상공인진흥센터 : edu.sbiz.or.kr

– 청년창업지원처 : start.sbc.or.kr

북부 여성발전센터는 실버시설 행정 실무자, 중부 여성발전센터는 사회적 경제 실무 전문가, 동작·영등포 여성인력개발센터는 법무 행정 사무원, 용산 여성인력개발센터는 IT 마스터 과정이 개설되어 있다. 손재주가 좋은 여성이라면 재능을 살려 관악 여성인력개발센터의 반려동물 산업 창업 교육 과정, 서대문 여성인력개발센터의 드론 정비 교육 과정을 들을 수도 있다.

지역 산업 특성을 반영한 교육 과정도 개설된다. 송파 여성인력개발센터의 마이스(MICE : 기업 회의, 포상 관광, 국제 회의, 박람회) 전문 인력 양성 과정, 종로 여성인력개발센터의 주얼리 글로벌 온라인 셀러 양성 과정 등이다. 그 밖에도 정보화 교육 & 코딩 전문 강사, 3D 프린팅 전문 강사, 진로비전 강사, 창의·체험 지도사, 허브 활용 도시농업 전문가, 공정여행 기획자, 1인 1책 독립 출판가 양성 과정 등 다양한 프로그램이 마련되어 있다. 교육 과정은 산업 환경과 수강 신청자 수에 따라 수시로 업데이트되므로 해당 정보를 직접 확인해 보아야 한다.

넷째, 기업의 경력 단절 여성에 대한 채용 정보는 축소되고, 공기업의 경력 단절 여성 채용은 확대되고 있다. 예를 들어, 건강보험공단의 경우에는 경단녀들의 시간과 지역 균형을 고려해 인재를 채용할 예정이다. 경단녀의 경우는 기간제 근로자로 뽑지만 근무 평가가 반영되어 정규직으로 전환될 수 있는 기회가 있다. 고졸자, 기초생활 수급자, 장애인 등의 사회적 취약 계층을 위한 채용 계획도 있다. 산업 환경에 따라 채용 조건이 수시로 바뀔 수 있으므로 빨리 지원해야 한다.

다섯째, 한국여성발명협회를 통해 직접 발명하거나 발명 교육 강사를 한다. 여성이 일상에서 발명할 수 있는 아이템이 많이 있다. 발명에 관한 교육과 특허 교육을 통해 시제품을 만들고 특허나 실용신안을 신청할 수 있다. 정부에서 지원되는 특허 교육이나 변리 비용, 시제품 비용 등이 소요된다. 발명 강사 프로그램도 있으니 교육을 받고 발명 교육 강사로 학교에 파견되어 근무할 수도 있다. 자신의 전공과 적성을 고려해 시도해 본다.

– 한국여성발명협회 : www.inventor.or.kr

경력이 단절된 후 취업에 성공하기 위해서는 전략적으로 접근해야 한다. 경력 단절 여성은 자기소개서를 쓰거나 면접을 볼 때 더욱 적극성을 보여야 회사에서도 신뢰한다. 성실성, 인내심, 포용력, 책임의식 등 기혼 여성의 장점과 강한 자신감을 보여준다. 막연한 자신감은 역효과를 낼 수 있으니 자신이 잘하는 것과 그 분야의 경험을 적어야 유리하다. 육아휴직 등 공백 기간에 대해 변명을 하기보다는 자신이 직업을 얻기 위해서 구체적으로 노력한 것들에 대해서 이야기한다.

경력 단절 여성이 취업을 할 경우 가사노동에 대해 남편과 아이들의 협조를 구해야 한다. 취업을 해서 적응하기까지 집안 업무의 공백이 느껴지게 될 것이고, 그 부분에 대해서 남편과 아이들이 구체적으로 해야 할 일들을 알려준다. 직장에 다니면서 가사까지 완벽하게 한다는 것은 현실적으로 어렵다는 사실을 인정하고 타협점을 찾으면 직장생활과 가정생활을 잘 병행할 수 있다. 또한 양가 부모님에게도 취업에 대해 미리 이야기한다. 경조사에 참석하지 못하는 경우에는 미리 양해를 구하거나 연락을 드려야 오해가 생기지 않는다.

경력 단절 여성이 자신의 경력을 살려 재취업하기는 쉽지 않다. 하지만 취업이나 창업을 하기 전에 미리 정보를 얻고 교육을 받으면 경력과 적성에 맞는 일자리를 구할 수 있다. 자신이 적극적으로 취업을 위한 노력을 하지 않으면 단순히 자격증만 따고 끝날 수 있다. 발품을 파는 만큼 좋은 정보와 인맥을 얻을 수 있으니 적극적으로 임할 필요가 있다.

4장 여자가 행복한 삶을 사는 7가지 직업

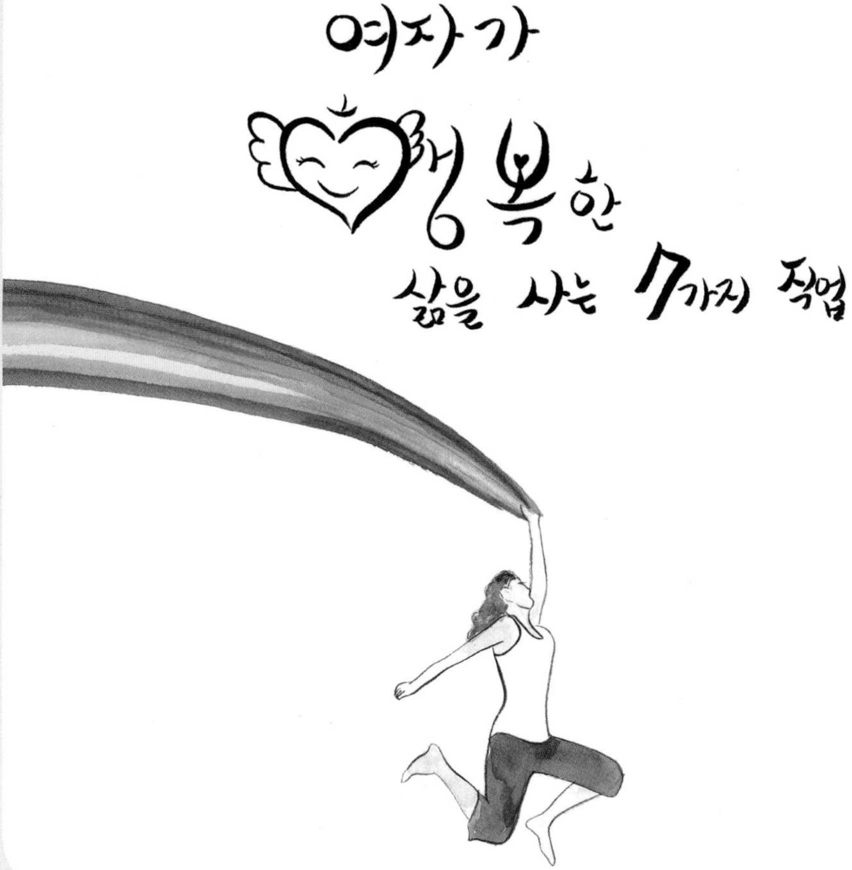

공감 여자를 이기는 남자는 없다

미래학자 제레미 리프킨(Jeremy Rifkin)은《공감의 시대》에서 미래로 갈수록 사람의 감정과 마음을 이해하는 공감 능력이 필요하다고 말한다. 공감 능력은 상대방의 관점에서 기분이나 상황을 이해하고 공감하는 능력을 말한다. 이것은 모성애가 강한 여성에게 상대적으로 발달했는데, 여성들은 사회생활에서도 상대방을 잘 이해하고 배려한다. 현대 사회에서는 기계 문명의 발달로 소외감을 느끼는 사람이 증가함에 따라 여성이 공감 능력을 발휘할 수 있는 직업을 많이 필요로 한다.

공감 능력은 어릴 때 어머니의 행동을 따라 하는 행동에서부터 시작된다. 신경심리학자 리촐라티(Giacomo Rizzolatti)가 원숭이 실험에서 밝힌 것이 '거울 뉴런'이다. 행동을 따라 하게 하는 신경 뉴런이 뇌 안에 있어서 반사적으로 상대방의 행동을 따라 하게 된다는 것이다. 공감 능력은 사람에 대한 애정을 가지고 꾸준히 노력하면 얼마든지 계발할 수 있다.

공감을 잘하는 여성은 상대방의 말에 집중하여 경청함으로써 상대를 이해하고 존중받고 있다는 신뢰감을 준다. 이런 상호작용은 상대방의 마음을 열게 하며 자신감을 줄 수 있다. 특히 사람에 대한 애정이 많고 공감을 잘하는 여성은 그것을 발전시켜 직업으로 가질 수 있다.

공감 능력을 활용할 수 있는 직업

심리 상담사, 예술 치유 상담사, 음악 치유사, 미술 치유사, 사회복지사, 노인 상담사, 자기주도학습 상담사, 진로 학습 코치, 정리 컨설턴트, 라이프 코치, 공정여행 기획자, 인터넷게임 중독 치료 전문가, 브레인 트레이너, 다문화 트레이너, 청소년 상담사, 에니어그램 코치, 심리 팟캐스터, 심리 칼럼니스트

교육 훈련기관

국가공인 자격증, 산업인력협회 자격증, 민간 자격증

직업 전망과 연봉

사회가 복잡해지고 빠르게 변화하면서 사람들은 소외감을 느끼고 스트레스도 증가하고 있다. 현재 심리 관련 직업은 전문 기관에 취업하기에는 자리가 한정되어 있고, 전문성에 비해 보수가 적다. 경력을 쌓아 차별화된 영역에서 전문가로 활동해야 보수가 좋다. 연애 상담, 진로 상담, 인터넷 중독 상담 등 환경의 변화에 따라 심리 상담이 필요한 틈새시장에 진입하는 것도 좋다.

창업

현재 심리 상담직은 수요에 비해 공급이 많은 실정이다. 이런 상황에서 안정적인 직업을 얻기 위해서는 창업을 하는 방법이 있다. 창업을 하는 경우에는 상담 분야를 선택할 수 있다. 자신 있는 분야를 설정하고 전문 지식을 얻은 다음에 자신의 브랜드로 연구소나 카페를 개설하거나 팟캐스트를 활용하여 마케팅하면 된다.

카페를 활용해 심리 상담을 진행할 경우에는 두 가지 효과를 볼 수 있다. 첫째는 사람들이 심리 센터나 병원 방문은 꺼리는 반면 카페는 가벼운 마음으로 방문할 수 있다는 것이다. 둘째는 고정비용이 카페를 통해 유지되지 때문에 수익이 높아진다는 것이다.

1. 박혜영 심리 상담사

심리 상담과 부동산 재테크 코칭으로 제2의 인생을 살다

심리 상담사와 부동산 재테크 코칭 강사로 당당히 자신의 삶을 개척한 박혜영 심리 상담사가 있다. 원래 그녀는 두 딸을 키우는 평범한 주부였다. 그녀는 아이들에게 더 좋은 환경을 마련해 주고 싶어 인근의 목동 아파트로 이사를 했다. 그런데 이사한 아파트의 가격이 오르면서 부동산 투자에 매력을 느꼈고, 부동산 학원에서 3개월짜리 단기 교육을 받게 되었다. 그곳에서 원룸 임대 사업에 대한 정보를 접하고 투자를 했으며, 현재는 오피스텔 건물을 매입하여 성공한 여성 임대 사업가가 되었다.

그녀는 연세대학교 대학원에서 비학위 과정으로 상담 전문 과정을 수료하고 심리 상담사 수련 과정을 거쳐 모래놀이 상담사 1급 자격증을 가지게 되었다. 현재 주 1회 심리 상담사 활동과 함께 상담 센터장으로 있다. 그녀는 권영찬 닷컴의 소속 강사로 부모교육 강연과 함께 진로에 대한 상담과 교육도 하고 있다. 또한 2015년 3월부터 아세아연합신학대학교 대학원에서 '융 심리학과 모래놀이 치료'라는 과목으로 강의도 하고 있다. 모래놀이 치료에서는 모래 상자와 상징물을 만들어 우리 내면의 세계를 표현하고, 그것을 통해서 자신의 문제를 스스로 치유하게 한다.

처음에는 자신이나 가족을 위해서 심리 공부를 시작했다가 이후 전문적으로 공부를 하는 경우가 대부분이다. 심리 상담은 자신의 내면 치유와 함께 다른 사람을 위해 일한다는 보람을 얻을 수 있다. 박혜영 심리 상담사의 경우 기존의 상담과 차별화된 방식으로 전문성을 띠고 있다.

2. **김혜숙** 심리 상담 원장

창업을 통해 '카페모아(母兒)'와 아동 심리 상담을 진행

김혜숙 원장이 운영하는 '카페모아(母兒)'는 카페와 아동 심리 상담을 겸한다. 상담 프로그램은 크게 '언어치료'와 '미술 심리 상담'의 두 가지로 진행된다. 그녀는 현재 극동대학교 사회복지학과 보육 담당 겸임교수이다. 23년간 어린이집 교사와 원장으로 일하면서 경력을 쌓았던 그녀는 병원과 상담 센터라는 부정적 인식에서 벗어나 쉽게 마음을 터놓고 아이 문제에 대해 상담할 수 있도록 카페를 만들었다. 아이를 병원이나 상담 센터에 데리고 가면 이력이 남을까 봐 걱정하다가 적절한 상담 시기를 놓치는 경우가 많은 데 착안한 것이다. 이곳은 그런 부담 없이 마음 편히 드나들 수 있도록 카페와 센터를 합친 공간으로 만들었다. 그녀는 이곳이 마음의 병을 치료하는 부모와 아동의 놀이터가 되길 바란다고 한다.

이곳에서는 아동의 발음, 언어 발달, 문장 이해, 언어 문제 해결, 언어 유창성에 관한 검사를 진행하고 있으며, 비용은 병원이나 상담 센터보다 상대적으로 저렴하다. 아동들을 대상으로 전문적인 상담과 놀이치료를 병행하고 있으며 언어 재활치료사가 상주해 있다. 책과 언어 카드를 함께 활용하여 대상 연령층을 다양화했다. 또한 부모교육을 통해 아동과 부모의 애착 형성, 아동의 식습관 지도, 아동 발달 단계 교육, 독서 교육, 초등학교 생활 안내 등을 진행한다.

3. 김현정 작가
심리학 콘텐츠를 활용해 소설가, 강연가, 팟캐스터로 활약 중

실용 심리학 소설 시리즈를 출간한 김현정 작가는 2012년부터 《대하연애심리소설》, 《신데렐라》, 《어느 별에서 왔니?》를 출간하였다. 《어느 별에서 왔니?》는 고대부터 전통적 지혜로 알려진 인간의 아홉 가지 성격 유형인 에니어그램을 모티브로 하여 등장인물을 설정했다. 그녀는 사람들이 관심 있는 주제를 자신만의 방식으로 풀어서 작품을 구상하였다.

그녀는 에니어그램에 관해 연구하고 공부하여 이 분야에 대해 높은 이해력과 통찰력을 가지고 있다. 실제로 에니어그램에 관한 책 수십 권을 읽었는데 그 책들을 계기로 심리학 교수와 만남을 가지고 더 깊이 배우게 되었다고 한다. 현재 그녀는 진로 교육과 글쓰기 교육, 강의도 함께 진행하고 있다.

그녀는 미디어 자몽의 김건우 대표와 인디비즈 릴레이 인터뷰를 진행하면서 팟캐스트 방송 진행 제의도 받게 되었다. 지금은 '어느 별에서 왔니?' 팟캐스트에서 활동하고 있으며 많은 인기를 누리고 있다. 그녀는 그녀처럼 되고 싶다는 사람들에게 이렇게 조언한다.

"살기 힘들죠. 구조적인 문제가 왜 없겠어요. 그런데 개인 인식도 달라져야 해요. '나'부터 바꿔야 돼요. 남들이 무엇을 하고, 그 때문에 전전긍긍할 필요 없이 개인이 과감해져야 진정으로 자유로운 길을 발견할 수 있다고 생각해요."

그녀는 심리학을 모티브로 소설가, 강연가, 팟캐스터, 상담가 등 다양한 영역에서 활동하고 있다. 심리학 전문 자격증이 없어도 해당 분야에 대한 전문 지식이 있으면 개인 상담을 진행할 수 있다. 자신에게 한계를 두지 말고 자신이 어느 영역에서 강점을 가지고 있고, 그 부분을 극대화할 수 있는 방법이 무엇인지를 찾아야 한다. 전문 분야에서 업그레이드되어 창조된 것만이 자신의 고유한 경험과 경력이 된다.

창조

여자의 변덕은 창조의 원천

4차 산업의 고도화된 환경은 인간의 고유 능력인 창의적 사고를 가진 인재를 중심에 서게 한다. 창의력에는 두 가지 방식이 있다. 완전히 새로운 것을 만들어내는 것과 두 가지 이상의 것을 융합해서 새로운 것을 만들어내는 것이다. 후자는 각각의 중요한 부분을 조합해서 새롭게 재탄생한다. 여성 중에도 호기심이 많고 새로운 것을 만드는 것을 좋아하는 사람은 창조와 관련된 직업이 적합하다.

블로그, 트위터, 페이스북, 인스타그램, 유튜브, 핀터레스트, 그라폴리오, 넷플릭스 등의 SNS 환경은 새로운 것을 창조하는 것을 즐기는 여성에게 좋은 기회이다. 적은 비용으로 자신을 브랜딩하거나 상품을 제작 기획하고 마케팅할 수 있다. 자신만의 아이디어만 있다면 1인 창작, 음식 개발, 콘텐츠·미디어 기획 제작, 예술 작가, 디자이너, 상품 기획·개발·큐레이팅 등에서 다양하게 자신의 역량을 발휘하고 브랜딩하여 전문가로 활동할 수 있다.

창작을 하여 콘텐츠를 올릴 수 있는 플랫폼에는 크게 다음의 세 가지가 있다.

첫째, 콘텐츠 전문가들은 블로그, 카카오, 페이스북, 인스타그램 등의 플랫폼을 활용해서 자신의 콘텐츠를 거의 매일 업데이트한다. 매일 콘텐츠를 올리면 사람들에게 신뢰감을 줄 수 있다.

콘텐츠 전문가가 되기 위해서는 자신만의 전문 콘텐츠를 확보해서 사람들에게 고급 정보를 신속·정확하게 제공해야 한다. 우선은 자신과 관련된 분야에서 고급 정보를 얻기 쉽고, 그것을 선별하여 제공하면 성공하기 쉽다. 자신의 콘텐츠 분야에 따라 노출 빈도가 높은 플랫폼을 잘 활용하면 된다.

음식 종류의 콘텐츠는 요즘 블로그에서 인스타그램으로 이동하여 #맛집#맛스타그램#먹방 등의 키워드로 인기몰이를 하고 있다. 인스타그램은 텍스트 기반보다는 사진을 통해 시각적 이미지를 활용할 수 있는 콘텐츠가 좋다. 요즘은 1분 내외의 짧은 동영상 콘텐츠를 통해 정보의 정확도와 이미지를 강화했다. 블로그는 자신의 브랜딩을 위해서 집처럼 사용하면 좋다. 네이버의 정책을 잘 살펴보면 새로운 카테고리가 추가되는 것을 확인할 수 있다. 초기에 들어가면 상위 노출이 쉽다.

처음 시작하는 사람은 블로그에 시간을 투자하기보다는 포스트, 캐스트, 매거진으로 질 좋은 콘텐츠를 제공하는 것이 노출 빈도에 좋다. 다음(Daum)의 브런치 플랫폼은 최근 질 좋은 콘텐츠를 선점하기 위해 투자를 많이 한다. 글쓰기 창작이나 전문 분야의 콘텐츠를 활용하고 관심 분야의 인맥을 쌓기에 적합하다.

둘째, 디자인과 미술 분야의 전문가로 활동하기에는 그라폴리오와 핀터레스트가 좋다. 이들은 디자인과 미술 분야에서 아이디어를 얻고 홍보하기에 적합하다. 그림과 사진 기반으로 디자이너들의 영감을 위해 활용된다. 크몽 사이트에서는 프리랜서들이 작은 일감들을 주고받으며 활발히 활동한다.

개인이 재택근무 형식으로 일감을 받을 수 있어 포트폴리오를 구성해서 활용하면 좋다. 프리랜서 디자이너들은 포트폴리오가 중요하기 때문에 자신이 작업한 것을 꾸준히 업데이트해 놓는다. 캘리그라피도 활용도가 높으니 연습해서 올린다. 우선 영화 포스터 문구나 캘리그라피로 상품화된 것들을 따라 해보면서 주제와 필체의 연결성을 분석하고 기록해 둔다. 전문가들이 고민한 부분과 자신이 고민한 부분이 어떻게 다르게 표현되었는지 정리하면 그것이 자신만의 노하우가 된다. 이것을 디자인 홍보, 제품 판매, 교육으로 연계하여 수익을 만들어낸다.

셋째, 요리 분야를 활용하기에 적합한 것은 인스타그램, 유튜브 등의 플랫폼이다. 요리도 하나의 창작이다. 바리스타, 디저트 전문가, 발효 효소 전문가, 반찬 전문 요리사, 셰프 등은 여성들이 미적 감각, 섬세함, 손재주를 발휘해서 전문가로 인정받고 고소득을 올릴 수 있는 분야이다. 여성들은 정교한 맛을 잘 맞추고, 미적 감각과 색채 감각이 뛰어나 같은 음식이라도 더 맛있어 보이게 만드는 재능이 있다.

이 모든 활동을 사진 촬영을 하거나 글을 써서 홍보할 수 있는데 이 분야는 여성들이 강해서 요리 블로그는 여성들이 절대 강자인 경우가 많다. 인스타그램이나 유튜브를 통해 비용을 들이지 않고 브랜딩한다. 간단하게 1분 내외의 모바일 어플을 활용해도 충분하다. 매일 꾸준히 업데이트하는 성실성을 보여주면 된다. 구독자가 많아지면 전문가와의 협업을 통해 차별화한다.

창조 능력을 활용할 수 있는 직업

사물인터넷 전문가, 작가, 미디어 콘텐츠 창작자, 창작 에이전트, 여행 비디오 창작자, 3D 프린팅 전문가, 게임 디자이너, 캐릭터 디자이너, 웹 디자이너, 음식 조리사, 메뉴 개발자, 푸드 스타일리스트, 발효식품 전문가, 디저트 전문가, 파티 플래너, 인공지능 로봇 수리사, 음향 큐레이터, 디지털 큐레이터, MD(상품 기획자)

교육 훈련 기관

한국콘텐츠진흥원, 한국문화예술교육진흥원, 한국만화영상진흥원, 한국출판문화산업진흥원, 소상공인시장진흥공단, 서울산업진흥원, 경기콘텐츠진흥원, 청년창업사관학교, 코트라, 한국발명진흥회, 여성인력개발센터, 여성새로일하기센터, 국가지식재산교육포털, 온오프믹스, 삼성전

자 교육 센터, 캐논 교육 센터, 네이버 교육 센터, 카페24 교육 센터

직업 전망과 연봉

4차 산업으로의 변화에 따라 가장 많은 혜택을 볼 수 있는 직업이다. 개인의 창작 능력에 따라 소득이 다양하다. 인센티브 형식이 많기 때문에 직장에 다니면 2천만~3천만 원 정도의 기본 급여에 경력과 포트폴리오에 따라 다양한 인센티브를 받는다. 이 업종의 장점은 급여 외에 프리랜서로 일을 해서 소득을 높일 수 있다는 것이다. 창업을 고려하고 있다면 자신만의 전문가 콘텐츠를 가지고 온라인 카페를 개설하고 수익을 올릴 수 있다.

창업

창조와 관련된 직업은 경력과 포트폴리오에 따라 수입에 차이가 크다. 대중성과 고급화의 포지셔닝 중에서 자신의 가치관과 성향에 적합한 것을 선택한다. 이후 자신의 전문성과 환경의 변화에 따라 업그레이드해야 한다. 자신만의 지식 데이터베이스를 구조화해서 빠른 시간 내에 정보를 찾아낼 수 있어야 한다. 창조 관련 창업은 자신의 독자적인 브랜딩을 통해 업계에 전문성을 알리고 가치를 높일 수 있다.

창조와 관련된 일자리나 창업은 반드시 전공 분야가 아니라도 자신의 취미나 경력을 활용해 재창업할 수 있다. 취업을 해서 전문성을 쌓은 후 프리랜서나 창업을 통해 일하는 사례가 많다. 한 분야에서 오래 지속해야만

자신만의 노하우가 쌓이게 되고 창업도 할 수 있다. 롱보드 여신 고효주, 피아골의 여성 이장 김미선, 오플라워 조영숙 대표 등의 사례에서도 볼 수 있듯이 자신의 경력과 전공을 잘 활용하면 얼마든지 성공할 수 있다.

1. 고효주

1인 미디어 콘텐츠를 활용하여 스타가 된 롱보드 여신

롱보더 고효주 씨는 원래 UI 디자이너였다. 그녀는 취미생활인 롱보더를 타는 모습을 SNS상에 올렸고 이후 롱보더 여신으로 불리게 되었다. 메인 직업보다 '롱보더 고효주'로 더 이름을 알리게 된 것이다. 이렇게 동영상은 파급력이 엄청나다. 롱보더를 타는 모습이 나비가 춤추는 것처럼 아름답다는 평과 함께 롱보더를 타는 그녀의 모습이 유튜브를 달군 것이다.

그녀는 롤러스케이트, 여행, 롱보드 등을 즐겨 활동적인 여성으로 인기를 얻고 있으며 이미 많은 광고주에게 러브콜을 받고 있다. 카파코리아도 '카파 222반다' 캠페인을 롱보드 댄싱으로 유명한 고효주 씨와 함께한다. 카파의 제품을 입고 자연스럽게 일상생활을 하는 그녀의 모습을 통해 자연스럽게 간접 광고 효과를 얻게 된다. 이렇듯 요즘 광고의 패러다임은 기존의 메인 TV 광고에서 벗어나 다양한 방식으로 자신의 브랜드를 효과적으로 알리고 있다.

이런 때에 자신이 가지고 있는 장점을 미디어를 통해 알릴 수 있다면 큰 효과를 볼 수 있을 것이다. 그녀는 기존 자신의 디자인 능력과 함께 자신의 취미를 부각시킴으로써 효과적으로 자신을 어필했다. 이렇게 자신의 능력과 취미를 동시에 어필하는 것은 새로운 것을 만들어내는 것과 같다. 자신이 원하는 이미지를 직접 기획, 연출, 촬영, 제작하여 사람들에게 효과적으로 광고할 수 있는 것이다.

미래에는 새로운 기술과 결합하여 자신을 시각화하여 표현하는 것이 중요하다. 또한 자신이 추구하는 가치를 공유함으로써 자신의 생각에 동의하는 구독자들과 소통할 수 있다.

2. 김미선 이장

피아골의 33세 최연소 여성 이장

1차 산업은 농업이지만 6차 산업은 농업과 최첨단 기술을 융·복합해서 새로운 환경의 문제를 해결하는 대안 농업이라고 할 수 있다. 전남 구례군 지리산 피아골에 최연소 여성 이장 김미선 씨가 있다. 전체 마을의 최연소 여성 이장이자 '피아골 미선 씨'로 통한다. 김미선 씨는 2006년 대학을 졸업하고 고향에 내려와 전통식품연구소를 차리고 된장, 고추장, 청국장 등 장류 제품을 팔아 연간 5억 원 이상의 매출을 올리고 있는 청년 사업가이다.

그녀는 정부 지원금 2억 5천만 원을 받아 민박, 식당, 장 등으로 다각화해 청년 사업가가 되었다. 그녀의 고향에서는 고로쇠나 나물 양봉 등을 통해 생계를 유지하는데, 그녀의 부모님도 식당과 민박을 하면서 생활하셨다. 그녀는 인적이 드문 열악한 환경을 이용해 유기농 재료로 가치를 높이고 그것을 상품으로 만들었다. 그리고 그 장점을 활용해서 정부의 청년 농업창업자금 판매를 활용했고, SNS 환경의 마케팅을 통해 그 가치를 알리고 홍보·유통한 것이다.

남들에게는 열악해 보이는 현실이 때로는 숨어 있는 보물이 될 수도 있다. 그 가치를 알고 제품으로 만들고 발전된 기술로 홍보하여 성공을 이루어낸다면 말이다. 그녀가 돋보이는 이유는 마을 사람들의 공동 일자리나 판매 수익을 높일 수 있는 방안을 적극적으로 같이 모색했기 때문이다. 자신이 잘되면 그것을 낮추어 평가하려는 사람들이 주변에 있게 마련이다. 하지만 그 사람들까지도 함께 품고 같이 문제를 풀어간다면 일자리 창출은 물론 서로 상생하는 효과를 볼 수 있다. 사람을 중심에 두고 해결하고자 하면 길이 열린다.

3. 조영숙 대표

15년간 꽃 사업을 하고 있으며 현재 서울시 꽃 홍보대사로 활동 중

그녀는 24세에는 일반 회사에서 경리 일을 하고 있었다. 소프트웨어 회사로 전자결제 시스템 사업도 하는 곳이었다. 그녀는 경리 일은 쉽게 대체 가능한 직무라고 생각하고 퇴근 후 주민센터에서 꽃꽂이 수업을 들으며 고용 불안에 대비해 자신만의 준비를 했다. 꽃꽂이가 자신의 적성과 잘 맞는다고 판단한 그녀는 개인 레슨을 받으면서 실력을 키웠다.

이후 회사에서 퇴직할 때는 이전 직장의 뱅킹 서비스와 연계해서 꽃 주문배달시장에 뛰어들었다. 초기에 시작했기에 시장을 장악할 수 있었다. 주요 관공서와 병원, 회사 등의 업체에서 그녀의 오플라워 꽃집을 이용했다. 그녀가 경쟁력을 가질 수 있었던 것은 24시간 꽃 배달 서비스를 제공함으로써 심야에 꽃 주문을 해야 하는 상갓집이나 틈새시장을 파고들었기 때문이다. 이렇게 어렵게 얻은 고객의 신뢰를 바탕으로 충성고객을 확보했다.

그녀는 처음 영업을 시작할 때부터 화려한 외모나 언변이 아닌 진정성을 보여주었다. 꽃 영업을 하기 위해서 회사 등 관공서에 가면 문전박대 당하기 일쑤였지만 그녀는 틈틈이 들러 시들어 있는 꽃들을 가꾸어 주었다. 그렇게 3년쯤 지나니 그 정성에 감동해서 고정 거래처를 얻을 수 있었다고 한다. 사람들은 그녀에게 연줄이 있을 거라고 생각한다. 하지만 현장은 진정성을 가지고 임하는 사람에게 더 많은 기회를 준다.

현재는 김영란법으로 인해 꽃 판매가 줄었지만 서울시 꽃 홍보대사가 되어 사회에 기여하는 사업을 하고 있다.

4. 한지연 대표

유니크한 감성 디자인 가구와 인테리어 매장 운영

압구정동에 위치한 유니크한 감성 디자인 가구 코니페블의 한지연 대표. 사실 그녀는 디자인을 전공하지 않았다. 그녀가 처음 일을 시작한 곳은 출판사였다. 남들이 하찮게 생각하는 일도 마다하지 않고 성실하게 일했고, 그 결과 신뢰를 중요하게 여기는 외국계 의류 회사에서 같이 일하자는 제의를 받았다. 그녀는 한국 지사의 중간자 역할을 하게 되었고, 꼼꼼하고 완벽한 일처리로 클라이언트에게도 인정받게 되었다.

그녀는 일을 하면서 자신의 인테리어에 대한 잠재 능력을 깨닫고 디자인 감각을 성장시키고 싶었다. 이후 인테리어 디자인 전문 교육을 받으면서 자신의 부족한 점들을 채워 나갔다. 뒤늦게 공부를 시작했지만 소비자의 욕구를 누구보다 잘 파악하고 있었던 그녀는 실생활에 필요한 제품을 만들기로 했다.

마침내 그녀는 압구정동에서 인테리어와 감성 디자인 가구를 제작하는 코니페블을 창업하기에 이른다. 코니페블은 파이프 가구를 독자적으로 만들면서 업계에서 실력을 인정받게 되었고, 해외에서도 성장 가능성을 높여갔다. 그녀는 여기에 만족하지 않고 온라인 가구 쇼핑몰을 만들었다. 가구와 인테리어 소품을 판매하면서 그녀의 제품을 좋아하고 그 가치를 알아주는 마니아층도 얻게 되었다.

가구는 단지 가구로 끝나는 것이 아니라 생활과도 연결되어 있다. 그녀는 일을 할 때는 재미있고 즐겁게 해야 창의적이고 좋은 제품이 나올 수 있고, 궁극적으로 소비자의 생활에도 즐거움을 줄 수 있다고 믿는다. 생산자와 소비자 모두 즐거운 제품을 만드는 것이 그녀의 성공의 비결이다.

교육 풍부한 감성은 여성만의 유산이자 특권

교사는 배우자 희망 직업 순위 1위, 여성이 선호하는 직업 순위 1위로서 한국 사회에서 여성에게 최고의 직업으로 인식된다. 그것은 아직까지 우리 사회가 자녀 육아에서 여성의 역할을 중요하게 여기기 때문이다. 그래서 육아와 직업을 연계해서 할 수 있는 직업에 대한 선호로 교사가 굳건히 1위를 유지하는 것이다. 또한 공무원이라는 안정성과 함께 연금도 큰 매력을 차지한다.

가르치는 일은 공감 능력이 뛰어나야 하기 때문에 여성이 능력을 잘 발휘할 수 있는 영역이기도 하다. 가르치는 일에서 가장 중요한 덕목은 사랑으로 공평하게 대하는 것이다. 학생들을 공감, 이해, 수용하고 인내심을 발휘할 수 있어야 하며, 학생들과의 신뢰 역시 중요하기 때문에 객관적이고 공정해야 한다. 학생들에게 신뢰를 얻지 못한다면 교사라는 직업처럼 힘든 일도 없다.

선생님은 학생들이 스스로 자신의 삶에 행복감을 느낄 수 있도록 이끌어 주어야 한다. 특히 유아기와 초등학교 시절에는 자존감을 심어주고 사람들과 우호적인 관계를 형성하도록 도와준다. 또한 학생들이 지식에 대한 호기심을 확장해서 자신만의 지식 구조를 만들 수 있도록 지지해 주어야 한다. 경험과 융합을 통해 새로운 것을 만들 수 있도록 항상 열린 마음으로 학생들을 수용하고 포용할 수 있어야 한다.

가르치는 일은 여성들에게 자존감을 높이고 주도적인 역할을 하게 한다. 영어 · 수학 학원 교사, 방과후 교사, 기간제 교사, 과외 교사, 자기주도 학습사, 예체능 교사 등을 하기 위해서는 그에 따른 직무 능력이 필요하다. 이 일을 하기 위해서는 우선 아이들을 좋아해야 자신의 일에도 보람을 느낄 수 있고 학생들도 잘 따른다. 유아와 초등학생을 가르칠 때 특히 필요한 것은 사랑하고 공감하는 능력이다. 중고등학교에서는 해당 교과목에 대한 전문 지식을 학생들이 이해하기 쉽게 전달할 수 있어야 한다. 예체능 교사도 마찬가지로 쉽고 재미있게 가르칠 수 있어야 한다. 학생들이 잘 따라야 수강 신청도 많고 만족도도 높다. 전문 강사로 활동한다면 시간을 효율적으로 관리해야만 일정 수준 이상의 수입을 얻을 수 있다.

교육 능력을 활용할 수 있는 직업

1. 유치원 정교사 : 유아교육학과를 졸업하여 유치원 정교사 2급을 취득한 후 임용고사를 본다.

- 임용고사 조건 : 유치원 정교사 2급 + 교직 이수 + 한국사 3급 이상

자격증

2. 초등학교 교사 : 교육대학원, 이화여대 초등교육과, 교원대학교 초등교육과를 졸업해서 초등 2급 정교사 자격증을 취득한다. 이후 임용고사에 합격해야 정식 발령이 난다. 졸업 후 2급 정교사 자격증을 가지게 되면 임용고사 합격 여부와 관계없이 사립 초등학교 교원이나 기간제 교사로 활동할 수 있다.

- 교육대학교 : 서울교대, 경인교대, 춘천교대, 청주교대, 공주교대, 광주교대, 전주교대, 대구교대, 진주교대, 부산교대
- 초등교육과가 있는 대학교 : 이화여자대학교, 제주대학교, 한국교원대학교

3. 중고등학교 교사

- 4년제 대학교 사범대 ○○교육과 졸업
- 4년제 대학교의 교직 이수가 가능한 학과에서 교직 이수 선발이 되어 졸업
- 교육대학원 졸업 : 교육대학원은 반드시 관련 전공으로 4년제 학사 학위가 있어야 한다.
- 임용고사 후 학교 배정

4. 대학교 교수

4년제 대학교를 졸업하고 대학원 진학 후 2년~2년 6개월 석사(졸업 시에 A4 50~70매 가량의 석사 논문을 써서 3명의 교수에게 심사받아 통과되어야 학위 수여), 석사 마치고 5~7년 박사(졸업 시에 A4 100매 이상의 박사 논문을 써서 5명의 교수에게 심사받아 통과되어야 학위 수여. 심사는 석사보다 훨씬 엄격) 과정을 거쳐서 박사학위를 수여받은 후 연구 실적을 더 쌓아서 교수 초빙에 응한 후 임용된다.

직업 전망과 연봉

국가 공무원은 호봉제 임금, 복지, 연금 등의 혜택이 있다. 교사의 경우 저출산으로 인하여 수요가 줄면서 경쟁이 더욱 치열해졌다. 초등학교 교사의 경우 임용고사까지 생각하면 평균 6년의 기간이 소요된다. 교사가 된 이후에도 자신의 전문 분야에 대해서 교육대학원 진학이나 전문적인 공부가 필요하다. 교수가 되기 위해서는 학사 4년, 석사 2년, 박사 5~7년의 기간이 소요된다. 그 기간 동안에 시간 강사로 생활해야 하기 때문에 경제적인 환경이 뒷받침되어야 한다.

강사의 경우 전문 분야, 취미, 학생 교육 등 다양한 교육 시장이 있다. 교육 시장은 강사 급여, 학원 급여가 정해져 있기 때문에 급여만 생각하면 실망하기 쉽다. 우선은 학생들을 가르치는 일을 좋아하고 가르치는 일에 보람을 느껴야 일의 만족도가 높다. 영어나 예체능은 개인 교습을 하면 추가 소득을 벌 수 있다.

방과후 학교나 CA 등의 강사로도 활동할 수 있다. 학교의 경우 시간당 강사 급여가 정해져 있고, 방과후 학교는 학생 수에 따라 수입이 달라진다. 학교는 40분 기준으로 22,000원(2018년 기준), 방과후 학교는 교과목에 따라 20,000~30,000원으로 책정되어 있고 교재비와 재료비는 별도이다. 문화센터나 수련관에서 경력을 쌓은 후 학생들에게 인기가 좋으면 강의 수도 늘어나고 수입도 높아진다. 수입을 생각하면 개인 과외나 그룹 과외를 해야 하는데 사업자 등록을 하고 해야 안정적이다. 교습 능력에 따라 교습비는 차이가 크다. 학생들의 진로 상담과 컨설팅 분야는 전망이 밝다.

창업

교육 사업에는 유치원, 어린이집, 예체능 학원, 개인 교습, 프랜차이즈 학원 창업을 비롯해 취미, 전문 기술, 요리, 디저트, IT, 콘텐츠 교육 등의 분야에서 창업하는 방법이 있다.

경력을 쌓아서 어린이집이나 유치원을 운영하거나 프랜차이즈 창업 또는 자신을 전문화시켜 노하우를 전수한다. 문화센터, 청소년수련관, 여성인력센터, 지역 구청, 소상공인진흥원 등 대중이 많이 찾는 곳이나 정부기관에서 강의를 한 후에 전문적으로 더 배우기를 원하는 사람들에게 자신의 학원을 소개하고 전문 교육을 받게 한다. 시대별로 유행하는 아이템이 있으니 산업 주기를 분석해서 접근해야 한다.

1. 이세빈 강사

《4차 산업혁명 자녀, 3차 산업혁명 부모》 저자, 자녀교육 전문가

'4차 산업혁명 자녀, 3차 산업혁명 부모', '행복한 여성이 자주 웃는다'라는 주제의 강연으로 유명한 이세빈 강사는 두 자녀를 서울대학교, 한일 이공계 국비유학 프로그램, 치과대학에 합격시켰다. 그녀는 육아를 바탕으로 교육학 석사를 밟고 현재 박사 과정 중인데 자녀교육뿐만 아니라 스스로도 성장하며 자신의 길을 열어가고 있다. 그녀의 강의가 인기가 많은 이유는 눈높이를 낮춰 일반인들이 이해하기 쉽게 설명해 주기 때문이다.

정부에서는 고학력 여성의 인력 개발을 위해서 4차 산업에 맞는 교육 강사 프로그램을 무료로 진행하거나 창업할 수 있도록 지원해 준다. 미래의 수요 증가에 대비해 미리 교육을 받고 활동하면서 경력을 쌓아 전문성을 높이는 것이 좋다. 전문성을 높이기 위해서는 기사, 칼럼, 책 등을 쓰면서 자신만의 노하우를 공개해 해당 분야에서 인정받는다.

강남구 여성능력개발센터에서는 4개월간 총 51회에 걸쳐 '4차 산업 융합교육 전문 강사 양성 과정'을 거치면 평가 후 강사로 위촉받을 수 있는 프로그램을 운영한다. 초·중·고등학교의 직업 체험, CA, 방과후 교실 수업의 지도 강사로 활동할 수 있는 기회도 가지게 된다. 교육비는 80% 출석의 경우 무료이다. 교육 과정은 드론, VR(가상현실), 3D 프린팅, 로봇 코딩, IOT(사물인터넷) 등이 있다. 교육 프로그램이 자주 바뀌기 때문에 수시로 업데이트된 정보를 찾아야 한다.

2. 김서정 작가

사진작가이자 문화예술진흥원 소속 예술 강사

문화예술진흥원에서는 국공립 학교 학생들의 문화예술 교육을 진행하고 있다. 진흥원에서 예술 강사를 선발해 파견하는 방식이다. 예술가와 학생이 직접 만나 양질의 교육을 받을 수 있기 때문에 현장의 반응도 뜨겁다. 예체능은 특화된 분야로 학생들의 미적 감수성을 높일 수 있는 장점이 있다. 또한 예술가들은 예술 창작 활동과 강의를 통해 작가 생활을 영위할 수 있다. 예술 강사가 되기 위해서는 예체능 전공, 기능장, 전통문화 전수자 등의 요건이 맞고, 진흥원의 예술 강사 교육 프로그램에서 4학점을 이수하면 자격이 주어진다.

김서정 작가는 제주도에 입주한 예술가이자 예술 강사로서 이 두 가지를 겸하면서 자신의 길을 가고 있는 5년 차 작가이다. 그녀는 미술대학원 졸업 후 생계를 꾸려가며 예술 활동을 할 수 있는 곳으로 제주도를 택했다. 선배의 조언에 따라 한국문화예술교육진흥원에 사진 분야의 강사가 없다는 것을 알고 이 분야에 처음 도전했다. 그녀는 사진에 대한 기초 지식이 없는 학생들을 가르치기 위해서는 기술보다는 사물을 보는 눈을 높이는 교육이 중요하다고 생각했다. 그것은 문화예술을 통해서 창의력과 미적 감수성을 높이는 것이다. 사진 문화예술 교육은 표준화된 교안이 없어 교안을 직접 만들어야 했기 때문에 처음 1년 동안은 여기에 집중해야 했다.

이렇듯 문화예술 강사와 예술가 활동을 병행하는 것은 서로 균형점을 가지며 예술가의 일자리 창출과 더불어 예술적 영감을 받을 수 있는 원천이 되기도 한다. 예술가로 자리 잡기 위해 초기에 강사로 일하는 것도 좋은 기회가 될 수 있다. 강사 시급은 25,000원 선에서 형성되어 있고 강의 시간을 많이 배정받지 못하는 단점이 있다. 하지만 진흥원에서 예술가들과 교류할 수 있고, 문화예술에 대한 다양한 분야의 전문적인 교육을 받을 수 있는 장점이 있다.

3. 김정미 교수

서강대학교 글쓰기 센터 연구 교수이자 영어논문 전문 컨설턴트로 활동

글이 좋으면 문학을 전공해야 하는 줄만 알고 학부에서 영어영문학을 전공, 국문학을 부전공했다. 교사 자격증 과정을 이수하면서 문학 못지않게 교육학에 매력을 느껴 대학 졸업 후 1년 동안 교육 극단에서 연극을 했다. 이후 그녀는 교육학이 자신과 잘 맞는다고 느껴 전문적으로 배우기 위해 유학길에 올랐다.

템플대학교 대학원에서 영어로 글을 쓰며 갖가지 고초와 고통은 물론 동시에 희열을 경험하면서 본격적으로 '글쓰기'를 연구하게 되었다. 그녀는 영어가 모국어가 아닌 학습자들의 애로사항을 누구보다 크게 경험했고 그들에게 도움을 주고 싶었다. 그래서 모국어가 아닌 학습자들을 위해 연구하게 되었으며, '비판적 교육론을 적용한 제2언어로서의 영어 대학

글쓰기 수업 연구'를 주제로 박사학위를 받았다.

대학원생 시절부터 시작한 글쓰기 강의를 통해 미국과 한국의 대학과 교육기관에서 만났던 다양한 국적과 언어, 문화 배경을 지닌 학생들의 수는 어림잡아도 1,000명이 넘는다. 그중 500명 정도의 학생들과는 개별 글쓰기 과정을 모두 밀착 수행, 동행하며 글쓰기라는 행위와 행위 주체에 대한 각별한 이해와 인식을 획득하였다.

김정미에게 글쓰기란 생각이나 경험, 감정을 활자화시키는 표현과 소통의 과정 이상이다. 우리가 갖고 있지 못했던 주변의 현상, 사물에 대한 이해와 의미를 발견하게 되고, 자신이 가지고 있는 능력과 사고에 대한 인식을 넓힌다. 전혀 다른 새로운 자아를 깨닫는 과정이다. 그녀는 글이란 실용적이고 효율적이면서 자신을 드러낼 수 있는 강력한 수단이라고 이야기한다.

수다

잡담도 능력이다

21세기에는 스마트폰의 발달로 사람들의 라이프 스타일이 바뀌었다. 실시간으로 사진이나 글을 통해 일상이 공개되고, '좋아요' 버튼을 통해 서로 의사소통을 한다. 이런 라이프 스타일의 변화로 인해 수다가 곧 돈이 되는 세상이 되었다.

트위터는 '새들의 조잘거림'이라는 의미에서 시작된 SNS 플랫폼이다. 사람들이 실시간으로 이야기를 주고받으면서 하루에도 전 세계의 온갖 정보가 전달될 수 있다. 정부가 통제할 수도 막을 수도 없다. 정보가 전 세계에 동시다발적으로 전달되기 때문이다. 이렇게 트위터는 미디어로서 막강한 힘을 가지게 되었고, 사회 · 정치적으로도 영향력을 끼치게 되었다.

수다가 여성들의 의미 없는 활동으로만 여겨지던 시대에서 이제는 이 수다를 어떻게 사업으로 연결할 것인가에 촉각을 곤두세우고 있다. 정치, 경제, 연애 정보 등 무수한 콘텐츠들이 돈이 되는 시대가 된 것이다. 인기 있는 팔로워들은 사람들에게 직간접으로 영향을 끼친다. 유명 인플루언서들을 광고 모델로 활용하는 회사도 많아졌다.

여성들의 수다는 '평판경제'라는 신조어를 만들어냈다. 쇼핑몰에서 구매 결정에 있어 여성들의 평판과 자세한 후기가 중요한 역할을 하게 되었다. 비슷한 성향을 가지고 있는 사람들의 추천을 통해 새로운 마케팅 시장을 연 것이다. 여성들의 소득이 높아지고 구매 결정권을 가지게 됨에 따라 육아, 가전, 뷰티, 인테리어, 요리 등에서 영향력이 높아졌다. 새로운 경제 환경의 변화에 능동적으로 참여하고, 자신만의 노하우를 만들어내는 능력이 중요한 수단이 된 것이다.

영향력을 높이기 위해서는 자신만의 양질의 콘텐츠를 확보해야 한다. 또한 그것이 수입이 되기 위해서는 자신만의 플랫폼을 만들어 사람들을 모을 수 있어야 한다. SNS에서 자신을 알리고, 더 자세한 정보나 고급 정보를 알기 위해서는 자신의 플랫폼으로 오게 한다. 자신만의 플랫폼을 만들기 쉬운 곳은 네이버 카페인데 이곳은 운영 비용이 들지 않는다.

플랫폼 구조로는 커뮤니티 카페와 브랜딩 카페가 있다. 커뮤니티 기능을 활용해서 수익 구조를 만들 수 있는 카페로 '지역맘 모임 카페'가 있는데 이곳을 활용해서 광고, 스폰서 등을 통해 중간 수수료를 받을 수 있다. 카페의 목적이 친목 도모인지 비즈니스인지 처음부터 명확히 해야 카페가 성장한 후에도 신뢰 관계가 무너지지 않는다. 회원 모집을 위해서 처음에는 공공의 이익을 위한 모임 카페 형식을 취하다가 수익이 발생한 후 개인 브랜딩 카페로 활용하면 신뢰도는 한 번에 무너지게 된다.

다른 하나는 자신을 롤모델로 해서 회원을 확보하는 브랜딩 카페가 있다. 자신의 추종자를 회원으로 해서 수익을 만들어내는 구조를 가진다. 초기 모집은 어렵지만 열성 회원을 모으게 되면 좋은 플랫폼이 되고, 안정적인 수익 구조를 가지게 된다. 예체능 전문가들이 자신의 브랜드를 만들고 고급 정보와 노하우를 회원들에게 제공하여 수익을 얻는 것과 같다. 정보와 노하우에 등급을 매겨서 공개 정보와 비공개 정보를 구분해 수익 구조를 만들어낸다.

1일 특강과 온오프라인 학습을 통해 수익 구조를 만든다. 공개 정보는 회원 확보를 위한 것이고, 비공개 정보는 고급 정보와 노하우의 무형자산을 유형의 자산으로 만드는 것이다. 주로 오프라인 강습과 컨설팅으로 활용된다. 이곳에서 전문가로 3년간 활동하면 안정권에 들어가게 된다. 회원들에게 어렵게 얻은 신뢰감을 지속하기 위해서는 운영 관리를 꾸준히 신속하게 해야 하며, 회원들의 불만 사항을 빨리 개선하고 수정해야 한다. 이런 정보 제공 카페는 양질의 콘텐츠를 생산하면서 자신의 생각이나 정보를 사람들과 함께 공유하고 제공함으로써 SNS상에서 관계를 맺고 유지된다.

요즘 가상화폐 논란이 일고 있는데 정부 측도 암호화폐에 대한 폐쇄 정책보다는 세금을 부과하는 방향으로 가고 있다. 이런 변화의 흐름에 암호화폐 '스팀'으로 돈을 받는 글쓰기 플랫폼이 있다. 그중 스팀잇(steemit.com)은 페이스북의 '좋아요'를 누르거나 업보트를 쌓아서 스팀과 스팀달러로 지급한다. 이것은 소리소문없이 파급 효과가 높게 일고 있다.

수다 능력을 활용할 수 있는 직업

모바일 광고 기획자, 웹툰 작가, 빅데이터 관리자, 블로거, 상품 공간 스토리텔러, 기술문서 작성가, FGI 모더레이터, 공연기획 마케터, 1인 창조 출판가, 디지털 장의사, 고객관리 시스템 전문가, 해외 구매대행 전문가, 빅데이터 분석가, 타로 마스터

교육 훈련기관

한국콘텐츠진흥원, 한국문화예술교육진흥원, 한국만화영상진흥원, 한국출판문화산업진흥원, 소상공인시장진흥공단, 서울산업진흥원, 경기콘텐츠진흥원, 청년창업사관학교, 코트라, 한국발명진흥회, 여성인력개발센터, 여성새로일하기센터, 국가지식재산교육포털, 온오프믹스, 삼성전자교육 센터, 캐논 교육 센터, 네이버 교육 센터, 카페24 교육 센터

직업 전망과 연봉

4차 산업 시대에는 콘텐츠 기반의 신직업이 많다. 콘텐츠 활용과 마케팅 능력에 따라 수익 편차가 심하다. 해당 분야의 1인자로 입지를 굳힐 수 있도록 차별화 전략이 중요한 요건이 된다. 자신만의 신속한 정보 습득이 중요하다.

창업

다음(Daum)에서는 브런치라는 양질의 콘텐츠를 만드는 작가를 위한 플

랫폼을 제공한다. 여기에서 작가가 되기 위해서는 일정 양식의 이력서를 제출하고 담당자로부터 승인을 받아야 한다. 브런치의 글들은 책을 쓸 때의 기본 구조처럼 주제와 소주제 형식으로 짜임새 있는 구조를 지향한다. 재미있고 쉬운 문체를 통해 자신의 글을 독자에게 알기 쉽게 전달해야 한다. 브런치에서는 좋은 글은 책으로 출간해 주는 서비스까지 제공하고 있다. 신인 작가들이 문단에 등단하기 전에 꾸준히 글 쓰는 작업을 하고, 독자와의 소통을 통해서 실력을 쌓을 수 있는 기회가 된다. 독자들과의 꾸준한 피드백을 통해 자신의 생각만을 담는 글이 아닌 서로 소통하고 공감하는 글을 쓸 수 있다.

글을 쓰면 머릿속의 복잡한 생각들을 구조화시킬 수 있다. 또한 글을 통해 마음을 들여다보며 감정을 치유하는 역할을 할 수 있다. 공감하는 사람들과의 교류를 통해 든든한 동료를 얻을 수도 있다. 글은 직접적인 소통과는 달리 각자의 입장에 따라 다르게 해석할 수 있기 때문에 상호 교환할 수 있는 소통이 필수적이다. 글을 통해 상대방의 생각이나 입장을 명확히 알 수 있고, 그것을 통해 자신에 대해 생각해 볼 수도 있다. 또한 상대방을 이해하고 생각하는 폭이 깊어질 수 있다.

글을 통해 돈을 버는 것은 작가, 파워 블로거, 컬럼니스트 등으로 이들은 글을 통해 자신을 알리는 과정이 우선이다. 이 과정을 통해 강연, 컨설팅, 교육 등으로 수입을 만들 수 있다. 글은 자신의 생각을 알리고 사람들을 모으는 역할을 한다. 요즘은 다양한 플랫폼을 통해 작가로 활동할 수 있는 기회가 많아지고 있다. 사람들에게 양질의 콘텐츠를 제공하기 위해서 플랫폼에 꾸준히 글을 쓰고 있다면 작가이다.

1. 청민 작가
브런치 작가 공모를 통해 책을 출간한 20대 인기 작가

브런치 플랫폼 'B컷 시선'이라는 제목으로 브런치 북 대상을 수상한 스물여덟의 청민 작가이다. 그녀는 글을 쓰는 것을 좋아해서 2015년부터 꾸준히 블로그와 SNS상에 글을 올렸다. 지인의 조언으로 브런치 작가에 지원해서 글을 올리고 브런치 북에 도전했다.

브런치에서 그녀의 첫 번째 연재는《B컷 시선》으로 출간되었는데, 잔잔한 일상의 이야기를 솔직하게 감성적으로 표현해 독자들로부터 큰 공감을 얻었다. 독자들은 그녀의 글을 통해 낯선 여행에 대한 간접적인 체험을 하고 공감했다. 그녀는 두 번째 책《사랑은 수많은 이름으로 불어온다》를 출간한 후 브런치의 새로운 프로젝트 매거진을 통해 독자들의 사랑을 받고 있다. 현재는 아르바이트를 하면서 취업 준비를 하고 있지만, 브런치를 통해 자신의 꿈인 책 출간과 함께 자신을 사람들에게 알릴 수 있는 계기를 만든 것이다.

브런치를 통해 알려진 다른 작가로 정문정 작가가 있다. 그녀는《무례한 사람에게 웃으며 대처하는 방법》을 첫 출간하고 24쇄 인쇄했다. 그녀는 기자로 글을 쓰고 있으며 현재 '20대 미디어'에서 기획 총괄 책임을 맡고 있다. 브런치라는 플랫폼을 통해 작가로서 자신을 알리는 계기가 되었으며, 자신을 잘 홍보해서 성공한 사례이다.

같은 조건이라도 나이와 환경, 경력에 맞게 잘 활용하면 많은 것을 얻을 수 있다. 글쓰기를 통해 무엇을 얻을 것이며 자신의 경력과 어떻게 연결 지을지, 그리고 그것을 통해 궁극적으로 무엇을 하고자 하는지가 명확하면 결국 자신이 원하는 것을 얻을 수 있다. 글쓰기를 자신을 잘 이해하고 수용하며 사람들과 소통할 수 있는 수단으로 적극적으로 활용한다면 4차 산업 사회에 적응하는 글쓰기 작가가 될 수 있을 것이다.

2. 이지민 대표

'대동여주(酒)도' 콘텐츠 제작자

전통주가 주류 시장에서 차지하는 비중은 미미하다. 홍보 부족과 '나이 든 사람들을 위한 술'이라는 인식, 고루하다는 이미지가 복합적으로 작용해 젊은 층의 관심을 받지 못한 탓이다. 'PR 5번가'라는 홍보·마케팅 회사를 운영하는 이지민 대표는 이런 편견 때문에 제대로 된 대접을 받지 못하는 전통주의 현실이 안타까워 '대동여주(酒)도'라는 전통주 전문 콘텐츠를 만들었다. 그가 젊은 감각으로 재미있게 풀어내는 우리 술 이야기는 블로그, 페이스북 등 소셜미디어를 통해 확산되며 젊은이들 사이에서 전통주에 대한 관심을 크게 높였다.

그녀는 전통주에 대한 편견에 대해 스토리텔링 형식으로 이야기를 풀어서 홍보했다. 그것이 '대동여주(酒)도'라는 전통주 전문 콘텐츠이다. 그녀는 전통주에 대한 지루하고 유행에 뒤처졌다는 고정관념에서 벗어나 젊은 감각으로 이야기를 풀어갔다. 그것을 만화로 표현해 읽기 쉽게 하고, 카드 뉴스를 통해 독자들이 모바일로 읽을 수 있도록 홍보를 다각화했다. 영상 제작자인 남편과 함께 전통주 영상을 제작해 크게 히트를 쳤다.

그녀는 고달픈 대기업 직장생활 대신 자신이 행복한 일을 해야겠다고 생각했다. 그래서 전통주 관련 홍보 마케팅 사업을 시작한 것이다. 그녀가 좋아하는 전통주를 아이템으로 생각하고 방향을 잡았다. 이제 정부 기관과 지자체에서 그녀에게 마케팅을 맡기고 지지해 준다고 한다. 여자라서 못하는 것이 아니라 여자라서 더 섬세하고 꼼꼼하게 일을 진행할 수 있어 더욱 신뢰도를 높일 수 있다. 국내외 술을 평가하는 '니술냉(언니들의 술 냉장고) 가이드'라는 콘텐츠도 만들어 독자들에게 인기를 얻고 있다.

미소 자연스러운 미소는 안정감에서 나온다

여성 중에서 분석 능력이 뛰어나고 정확한 성격을 가졌으며 신뢰감과 안정감을 줄 수 있는 사람은 분석·관리 직업군에 적합하다. 일에 대해 세밀한 계획을 세울 수 있고 숫자에 대한 감각이 있어야 유리하다. 숫자는 돈과 직결되기 때문에 정확성을 요한다. 또한 데이터를 분석하고 통계를 내서 자신만의 데이터를 구축할 수 있어야 한다. 이 분야는 전문가로서 독립적으로 일할 수 있으므로 전문적인 정보를 취합해서 분석할 수 있는 능력도 필요하다.

상담 업무를 주로 하기 때문에 전달 능력도 중요하다. 상대에게 안정감을 주고 신뢰감을 주어야 하며, VIP 고객을 지속적으로 관리할 수 있어야 한다. 그래서 분석 능력은 남성이 더 뛰어나더라도 상담은 여성이 더 잘하는 경우가 많다. 이 두 분야에서 모두 뛰어나면 전문가로서 높은 수익을 올릴 수 있다. 보험 상담 분야에서 그런 여성들을 많이 볼 수 있다.

전문가들과 같이 활동하면서 데이터 취합·분석·전달 노하우를 배우고 그것을 바탕으로 자신만의 노하우를 쌓는 것도 좋다. 요즘은 정보 공유 개념이 크기 때문에 자신의 노하우라도 일정 부분은 공유하는 배려의 마음이 있어야 한다. 공유를 통해 더 많은 사람들과 소통할 수 있고, 그것을 통해 서로간의 이익을 창출할 수 있다.

고객은 전문가에게 조언을 얻기 위해 비용을 지불한다. 따뜻한 감성으로 고객을 대하고 그들의 고충에 대해서 이해하고 공감해 주는 전문가들은 지속적으로 고객들과 연결된다. 돈과 관련된 것이기에 예민할 수 있음을 이해하고 고객 스스로 판단하고 선택할 수 있도록 기다려 주는 인내심이 필요하다. 투자는 분석을 통한 것이지만 사람을 대하는 따뜻한 감성 역시 중요하다.

여성이 이 분야에서 전문적인 지식을 습득하거나 전문가로 활동하게 되면 상담 부분에서만큼은 남성보다 더 효과적이다. 사람에 대한 관리 및 공감 능력이 좋아 고객 관리가 원활하기 때문이다. 또한 집에서 업무를 처리할 수 있어 개인 시간 활용에 있어서 장점이 있다.

국가공인 자격증을 취득해야 하는 진입 장벽이 있지만 안정적인 수입을 가질 수 있다. 직업으로는 세무사, 노무사, 변호사, 변리사, 감정평가사, 공인회계사, 공인중개사 등이 있다. 이들 직종도 전문가 브랜드와 마케팅 능력에 따라 개인 간 격차가 있을 수밖에 없다. 사람을 상대하는 직업이기 때문에 고객과의 신뢰가 특히 중요하다. 전문가에게 만족하고 신뢰하게 된 고객은 주변 사람에게도 소개시켜 주므로 효율적으로 고객을 확보할 수 있다. 계약서를 쓰는 경우가 많기 때문에 매사에 정확하고 완벽해야 한다. 요즘은 유튜브 등을 통해 실시간으로 정보를 제공하고 회원을 확보해서 고소득을 올리기도 한다. 회원 등급에 따라 정보의 난이도를 달리 한다.

미소 능력을 활용할 수 있는 직업

경영지도사, 변리사, 변호사, 노무사, 공인중개사, 감정평가사, 손해평가사, 자산관리사, 소상공인 컨설턴트, 주택임대 관리사, 창업 보육 매니저

교육 훈련기관

한국경영기술지도사회, 에듀윌, 박문각, 해커스, 에듀나인 등

직업 전망과 연봉

국가공인 자격증을 가진 직업은 사회에서 안정적인 직업군에 속한다. 자격증을 취득한 수요자가 많기 때문에 동종 직종 간에도 차별화 전략이 필요하다. 자신의 전문성을 특화시키고 타깃층을 세분화해야 한다. 브랜딩과 마케팅 능력에 따라 수입 격차가 크다.

창업

금융시장이 개방되어 외국인들의 투자 여건이 좋아지고 법률적으로도 보호받게 되었다. 외국 유수의 부동산 업체들이 국내의 부동산중개업, 감정평가업, 부동산 관련 서비스업에 진출한 상황이다. 100% 외국 투자 법

인인 Colliers Jardine, 미국의 중개 프랜차이즈 ERA, Century21 등이 진출했는데 이제 이들과 경쟁해야 하는 상황인 것이다.

부동산의 경우 부동산 거래, 관리, 리모델링 등으로 수익을 확장해야 한다. 뿐만 아니라 투자 방문, 수익 분석, 감정 평가, 중개 활동, 관리, 금융 알선 등의 전문화된 고객 데이터 관리가 필요하다. 창업은 개인 브랜드와 고객 관리에 따라 수익 변동이 큰 시장이다. 외국 투자, 금융, 부동산 서비스와 경쟁해야 하므로 특히 정보에 민감해야 한다.

1. 한은경 노무관리사
해피파트너스

노무사는 국가공인 자격증으로 1년에 한 차례 시험이 있는데 1차와 2차가 있다. 평균 2년을 잡고 공부하며 고시 수준의 난이도가 있는 시험이다. 변호사 〉 회계사 〉 감정평가사 〉= 세무사 = 법무사 = 노무사 순의 난이도가 있다. 현재 전망이 좋은 것은 감정평가사와 노무사 등인데 전문가들도 차별화를 통해 자신만의 특화 분야와 영업력을 갖추어야 한다. 노무사는 합격 후에도 6개월 여의 수습 기간을 거쳐야 한다. 월급은 신입의 경우 250만 원에서 시작하며 10~20%의 인센티브가 있다.

해피파트너스의 한은경 노무사는 고용노동부 체당금 조력지원 국선 노무사, 사회적 기업 컨설턴트, 청소년 보호위원 등 여러 분야에서 활동하는 5년 차 베테랑 노무사이다. 그녀는 주어진 업무 이외에도 사람들에게 도움이 되는 일이라면 발 벗고 나서서 도움을 준다. 비용에 대한 수임료보다는 상처받는 사람들에게 자신이 위안이 될 수 있다는 보람과 사명감으로 일하고 있다. 직접 현장을 찾아 발로 뛰고 사람들과의 소통을 통해 따뜻한 노무사로서의 소임을 다한다.

한국의 노동 시간은 전 세계적으로 1위로 꼽힌다. 한국도 선진국으로 변화하면서 근무 환경 또한 변화하고 있는데 이에 대해 사용자와 노동자 모두 잘 이해해야 한다. 임금 체불, 시간외근무 초과 수당 등 노사 간의 문제에 대해 유연하게 받아들여야 한다.

노무사의 업무 중에는 노사 간의 갈등과 분쟁을 해결해야 하는 일이 많다. 사회가 변화하고 개인의 주체성이 높아지면서 개인들이 자신의 권리를 찾으려는 경우가 많아졌다. 노사 간의 고충을 들어주고 이해해 주면서 서로 간의 이해의 폭을 넓혀줄 수 있어야 하기에 이해심이 많고 포용력이 큰 여성 노무사들이 유리할 수 있다. 전문직으로서 안정적이므로 시간을 투자해서 도전해 볼 만하다. 하지만 우선 중요한 것이 자신의 적성과 잘 맞는지 여부를 판단하는 것이고, 그 후 자격증을 따기 위해 노력한다.

2. 이경희 경영 컨설턴트

국내 최초의 창업 컨설턴트, 경영학 박사를 받은 자영업의 대모

이경희 소장은 직접 창업 현장을 찾으며 많은 성공 사례를 만들었다. 대학 졸업 후 현장에서 창업 컨설팅을 진행하면서 전문성을 강화하기 위해

박사학위를 받기도 했으며, 여러 방송 매체를 통해 쉽게 접할 수 있는 전문가이다. 여성 컨설턴트는 섬세함과 꼼꼼함을 무기로 현장을 분석하는 능력이 뛰어나다. 고객들도 자신의 고충이나 어려운 점을 쉽게 털어놓기 때문에 더 세밀하게 해결 방안을 제시할 수 있다. 그녀는 30년 동안 자영업자와 기업가들을 컨설팅하면서 신사업 개발, 경영 전략, 프랜차이즈 설계, 칼럼, 강연 등 다양한 방면으로 활동 영역을 넓혀왔다. 현재는 한국창업전략연구소 소장을 맡아 왕성한 활동을 하고 있다.

3. 정지영 부동산 전업 투자가

부동산 노하우 콘텐츠를 활용해 인기 팟캐스트로 활약

공인중개사만이 부동산 전문가가 아니다. 결혼 전에는 IT 업계에 종사했으며 결혼 후에는 전업주부로 지내다가 자신의 부동산 투자 노하우를 가지고 전문 투자가로서 활동한 경우도 있다. 팟캐스트 부동산 분야 1위인 '부동산 클라우드'의 진행을 맡고 있는 정지영 씨의 이야기이다. 그녀는 처음에는 친정 부모님을 위해 부동산 정보를 공부하다가 이 분야에서 전문 투자가로 활약하게 되었다. 정부의 부동산 정책에 따른 전략과 함께 빅데이터를 활용해서 부동산 검색하는 방법 등 일반인이 궁금해하는 내용을 이해하기 쉽고 바로 적용할 수 있게 설명해 준다. 전업 부동산 투자가로 내 집 마련을 위한 강사로서 활약하고 있으며 인기도 매우 좋다.

부동산 공인중개사 자격증을 따서 해당 분야의 전문가로 활동하는 것도 좋은 방법이다. 하지만 재태크와 부동산은 매매 · 매도 타이밍이 있기 때문에 현장 경험이 쌓였을 때 창업하는 것을 추천한다. 이론이 아닌 현장에서의 정보를 바탕으로 분석하고 직접 발품을 판다면 좋은 결과를 얻을 수 있다. 이를 위해서는 신뢰할 만한 전문가들과의 연결을 통해 양질의 콘텐츠를 확보하고 그것을 상호 비교함으로써 자신만의 고급 정보를 만들어야 한다.

부동산 투자를 위해서는 정치 · 경제 공부를 꾸준히 해야 한다. 부동산에 있어서 정부 정책과 금리, 대출은 중요한 변수이기 때문에 해당 정보에 대한 전문가의 판단과 함께 자신의 판단 능력도 높여야 한다. 부동산 투자에 따른 이익도 자신의 몫이지만 실패도 자신의 몫이기 때문이다.

뷰티

여자는 비밀이 있기에 더 아름답다

여성에게 있어서 뷰티는 가장 중요한 부분으로 인식되고 있다. 뷰티는 여성이 가지는 아름다움을 외적으로 표현하는 수단이다. 화려하고 세련된 것만이 뷰티가 아니라 자신의 매력을 잘 드러내고 표현하기 위해서도 뷰티는 중요한 역할을 한다. 여성들은 자신이 돋보이고 매력적으로 보이게 하는 데 상당 비용을 투자한다. 자신을 아름답게 표현하기 위해서는 때로는 철저히 자신을 객관화하고 돋보이게 할 수 있는 전문가의 조언도 필요하다. 그게 어렵다면 자신을 전문가 수준으로 끌어올리기 위해 정보를 얻고 경험을 하면서 자신만의 매력을 만들어 가야 한다.

뷰티 산업은 성형, 피부, 건강, 몸매, 화장, 패션, 컬러, 헤어, 네일 등 분야도 다양하며 지속적으로 성장하고 있다. 항상 자신을 가꾸고 아름다움을 유지하기 위해서는 시대에 뒤떨어지지 않는 감각을 유지해야 한다. 이를 위해 여성들은 잡지나 블로그 등을 구독해 뷰티 정보를 얻고 있다. 자신이 좋아하거나 비슷한 분위기의 연예인 또는 영향력 있는 전문가들의 조언을 듣거나 따라 하는 경우도 많다. 그래서 연예인 또는 인플루언서라 불리는 소셜 네트워크상에 많은 팔로워를 가진 사람들이 큰 인기를 얻고 있다.

여성은 자신의 이미지를 시각화해서 전달하기 때문에 이미지 관리 능력이 중요하다. 때와 장소에 맞는 옷차림과 메이크업으로 자신을 센스 있게 연출할 수 있다. CEO라면 전문성을 보여줄 수 있는 패션과 메이크업, 애인에게는 사랑스럽게 보이는 헤어와 패션, 주부로서 실용적이고 편안해 보이는 복장, 학부모로서는 단정해 보이는 복장 등 상황에 맞게 스스로를 연출할 수 있어야 한다. 이렇게 항상 준비된 모습을 보인다면 여러 사람들 앞에서 특히 돋보일 수 있다. 예쁜 여자가 아니라 센스 있는 여자가 되는 것이 중요하다.

이미지 메이킹을 위해서는 자신만의 개성과 이미지를 생각하고 연출할 수 있어야 한다. 자신에게 맞는 색상과 컬러, 체형을 고려한 패션 등 각 분야의 전문가의 도움을 받으면 빠르게 정보를 얻고 자신만의 스타일을 연출할 수 있다. 여성의 아름다움이 돈이 되고 경쟁력이 되는 것이 현실이다. 여자의 당당함은 외모에서 시작된다.

뷰티 능력을 활용할 수 있는 직업

피부미용사, 메이크업 아티스트, 방송국 분장사, 화장품 기획자, 미용 컨설턴트, 잡지 에디터, 네일 아티스트, 네일 교육자, 스타일리스트, 코디네이터, 패션 상품 기획자, 숍 마스터, 패션 기획자, 크리에이티브 디렉터,

네일 관련 회사 취업, 미용 고등학교 교사, 뷰티 교육기관 교수, 미용 관련 에디터, 문화센터 강사, 미용 연구소, 화장품 회사, 헤어 디자이너, 웨딩 매니저, 방송국, 메디컬 케어 관리사, 비만 관리사, 병원 코디네이터, 미용 영양사, 에스테틱 매니저, 스파 매니저, 브랜드 매니저

교육 훈련기관

- 4년제 대학교, 전문대학교 미용 · 예술학과, 헤어디자인과, 메이크업과, 뷰티디자인과, 네일아트과로 진학 후 취업
- 사설 뷰티 학원, 직업훈련소, 구청, 여성인력센터에서 교육받고 취업 후 실습

직업 전망과 연봉

뷰티 성형 산업은 지속적으로 성장 가능한 분야이다. 전문화와 차별화를 통해서 전문성을 가져야 치열한 뷰티 산업 시장에서 자신의 자리를 잡을 수 있다. 서비스직이기 때문에 서비스의 질이 좋아야 한다. 따라서 직원들의 서비스 교육과 커리어를 도와서 동반 성장해야 한다. 이를 위해서는 시스템화, 교육, 훈련, 마케팅에 대해 꾸준히 연구해야 한다.

30세 미만으로 헤어 디자이너가 되고자 하는 경우에는 교육과 실습을 겸해서 인턴 생활을 하면서 업무를 배울 수 있다. 35세 이후에는 창업을 고려해서 40대 이상의 여성을 타깃으로 해도 좋다. 미용인 대상의 구직 사이트를 활용해서 구직 요건들을 확인해 본다.

창업

뷰티 창업은 프랜차이즈나 개인 브랜딩 숍이 있다. 많은 고객을 접하고 다양한 경험을 통해 감각을 키워야 하기 때문에 경력을 쌓는 동안에는 수입이 적다. 뷰티 산업은 경력을 바탕으로 개인 창업을 해야 돈을 벌 수 있다. 고객과 직접적으로 접촉하기 때문에 신뢰할 수 있는 대화 능력도 필요하다. 고객 관리 시스템을 활용해서 꾸준히 고객을 관리해야 하며, 연예인들의 유행 트렌드를 파악하고 이를 반영할 수 있어야 한다. 창업은 끊임없는 자기 계발의 완성이다. 경력이 어느 정도 갖추어지고 수입이 생기면 대회 참여나 석·박사를 통해 자신을 업그레이드해야 경쟁력을 갖출 수 있다.

1. 기은세

트렌드를 이끌어 가는 인플루언서

인플루언서 기은세 씨는 트렌드를 이끌어 가는 영향력을 가지고 있다. 그녀는 36만 명의 팔로워를 가지고 있으며 화장, 패션, 인테리어 등 뷰티 방면으로 영향력을 미치는 인기 스타이다. 그녀의 직업은 젊은 사람들에게 새롭게 주목받는 '인플루언서(Influencer)'로서 그녀가 방송하는 뷰티 제품들은 사람들의 구매로 이어지고 광고주들은 그녀를 통해 자신의 제품을 홍보하고 싶어 한다.

젊은 여성 팔로워들이 인스타그램 속 그의 모습을 워너비로 꼽고 찾아

보게 되는 이유는 무엇일까? 기은세 씨는 '30대로서 보여줄 수 있는 콘텐츠가 있기 때문'이라고 답했다. 그녀는 "나도 내 20대를 돌이켜보면 지금과 같은 여유가 없었다. 메마르고 불안정한 시간이었던 것 같다"며 "30대에 접어들고 결혼 후 안정된 삶을 살고 있기 때문에 그런 분위기가 자연스럽게 사진에 묻어나게 되고, 패션과 뷰티 등 다양한 면을 인스타그램에 보여줄 수 있게 되면서 많이 찾아봐 주는 것 같다"고 말했다.

여성들은 자신만을 위한 뷰티에서 벗어나 결혼 후 사람들에게 안정된 모습을 보여주고 공감을 얻으면서 닮고 싶은 여성으로 거듭난다. 보여주기 위한 모습이 아닌 생활 속의 소재를 가지고 요리, 헤어, 인테리어 등 여러 분야에서 미적 감각을 유감없이 보여주는 것이다. 그것을 통해 대리만족은 물론 다양한 고급 정보를 시각적으로 경험할 수 있다. 시나리오가 없는 자연스러움이 사람들의 사랑을 받는 것이다.

2. 전누리 대표

최초의 피부미용 국가대표 기능인

20대 초반의 전누리 원장은 국제기능올림픽대회에서 피부미용 부문 우수상을 수상했다. 피부미용업을 하는 어머니의 영향으로 어려서부터 이 분야의 비전을 알아보고 인천생활과학고등학교 미용학과를 진학했다. 그녀는 고등학교 1학년 당시 런던 국제피부미용대회에 한국 대표로 출전해서 우수상을 수상했다. 그녀는 전문가로 활동하기 위해 '피부관리사 국가 자격증'을 따고 피부미용사의 길로 들어섰다. 일찍부터 자신의 진로를 결정한 그녀는 두피 모발 관리사, 메이크업 아티스트 등 다수의 뷰티 전문가 자격증을 보유하고 있다. 어린 나이에도 불구하고 전문가로서 활동하기 위해 자신의 프로필을 꾸준히 업그레이드한 것이다.

그녀는 작게 개인 뷰티숍을 오픈해서 실전에서 경험을 쌓고 고객을 관리하고 있다. 그녀는 피부미용 분야는 체계적으로 배워 전문가로 인정받으면 그만한 대우를 받을 수 있다고 말한다. 단순히 뷰티만 관리하는 것이 아니라 개인 체질의 장단점을 파악하여 처방을 내리고 관리할 수 있을 정도의 전문적인 지식과 노하우를 가지고 다른 뷰티숍과의 차별화를 꾀하면 더욱 좋다고 한다. 뿐만 아니라 고객과의 원활한 소통을 위해서는 피부미용뿐만 아니라 여러 분야에 관심을 가지고 지식을 쌓아야 한다고 말한다. 직접적으로 피부에 접촉하는 직업이기 때문에 고객과의 신뢰 관계 또한 중요하다.

요즘은 피부미용도 건강 뷰티로서 건강한 아름다움을 추구하고 있다. 고객의 욕구가 성장하고 변화하는 만큼 고객보다 먼저 정보를 습득해 제공할 수 있어야 한다. 그래서 그녀는 현재 생명공학 석사 과정을 공부하고 있다. 전문가는 항상 변화의 흐름을 파악하고 방향성을 제시해 줄 수 있어야 한다.

3. 공응경 원장

임산부 요가 전문가, 대기업에 근무하면서 갖게 된 제2의 직업

공응경 원장은 학부 때 호텔경영을 전공했다. 졸업 후에 대기업에 근무하다가 가족이 아프고 자신도 불면증으로 고생하면서 요가를 통해 치유의 경험을 하게 되었고 진로를 이 방향으로 바꾸게 되었다. 차의과대학교 보건대학원에서 치유무용을 전공하고, 동방대학원대학교에서 자연치유학/명상심리학 박사를 받았다. 논문으로는 〈NLP 기법을 활용한 태교 프로그램이 임산부의 정서 안정에 미치는 효과〉가 있다.

공응경 박사는 요가 시장이 포화된 상태를 파악하고 차별화 전략을 시도했다. 태교 요가를 통해 태 속의 아이와 임산부를 위한 프로그램을 개발하고 이 분야를 특화시킨 것이다. 태교 요가 강사가 되고자 하는 수요가 많아지자 더 전문성을 가지기 위해 동방대학원대학교에서 자연치유 박사 과정을 밟았다. 박사 과정을 통해서 전 힐리언스 선마을 프로그램 리더를 진행하고 기업체 강의 등 굵직한 일을 하게 되었다. 자신의 분야에서 전문성이 높아질수록 전문가로서의 입지 또한 더욱 높아질 수 있다. 교육 프로그램을 진행하기 위해서는 논문이나 칼럼 등을 통해서 전문가로서 역량을 입증할 수 있는 근거 자료가 필요하다. 그리고 그것을 준비하는 과정에서 보다 많은 지식과 노하우를 축적할 수 있다.

4. 신희나 원장

미즈모델대회에서 최우수상 수상

그녀는 금융권의 유관 기관에서 21년 동안 근무하며 기획, 총무, 마케팅 등 다양한 분야에서 일한 베테랑이었다. 눈에 띄는 외모로 회사에 근무하면서도 부업으로 패션모델 일을 했다. 그녀는 미즈모델대회에서 최우수상을 받게 되면서 자신 평소 꿈을 실현하기로 하고 퇴직을 결심했다. 공익광고, 홈쇼핑, 패션 업체의 모델 등을 하면서 월드뷰티패션모델협회를 창업해 본격적으로 여성들을 위한 모델 교육을 시작했다.

그녀는 자신의 일을 하면서 여성으로서 가진 장점을 활용해 창업을 해서 성공한 사례이다. 자신의 강점을 살려 뷰티 쪽으로 방향을 맞추고 메이크업, 필라테스, 헬스 등으로 모델로서의 몸매를 가꾸어서 뷰티 분야에서 차별화된 영역을 맡고 있다. 나이가 많아도 모델이 될 수 있으며 아름다움을 간직할 수 있다. 뷰티 이미지 메이킹을 통해 여성의 외모를 바로 세우는 역할을 하고 있는 미즈 모델이다.

건강

정신이 맑아야 건강한 삶을 누린다

18세기 증기기관의 발명으로 시작된 1차 산업혁명 이후 전기와 자동차 발전에 의한 2차 산업혁명, 인터넷과 컴퓨터가 이끄는 3차 산업혁명을 거쳐서 4차 산업혁명 시대에는 로보틱스, 인공지능(AI), 나노기술, 3D 프린팅, 사물인터넷(IoT), 바이오 기술 등이 결합된 초연결 사회가 될 것으로 예상된다.

현대인들의 건강 관리도 4차 산업혁명과 함께 빠른 속도로 진화되어 가고 있다. '헬스 케어 2.0' 시대에는 질병 치료 중심이었지만, '헬스 케어 3.0' 시대에는 치료 중심이 아닌 예방과 관리 중심으로 발전하고 있다. 또한 표준 치료에서 개인별 맞춤 치료와 U-healthcare로 산업이 변화하고 있다.

건강은 예나 지금이나 사람들의 중요한 관심사이다. 대부분의 여성은 가족의 건강을 책임지고 있는 입장에서 건강에 대한 관심이 높을 수밖에 없다. 요즘에는 건강에 좋은 음식을 섭취하고 운동을 하는 등 병에 걸리기 전에 건강을 관리하고 예방하기 위해 노력하는 사람들이 많다. 눈앞에 다가온 100세 시대에는 '오래 사는 것'이 중요한 것이 아니라 '얼마나 행복하고 건강하게 오래 사는가'가 중요하다.

건강을 활용하여 할 수 있는 직업

간호사, 자연 치유사, 숲 해설가, 스마트 헬스 케어 기획자, 건강 관리사, 귀촌 상담사, 가정에코 관리사, 여가생활 매니저, 의료관광 컨시어지, 운동 처방사, 의료관광 기획자, 원산지 관리사

교육 훈련기관

국가공인 자격증, 산림청, 산업인력협회, 협회 자격증, 민간 자격증

연봉

건강과 관련된 직업은 안정적이고 보수가 괜찮은 편이다. 전문 자격증을 갖추고 경력을 쌓게 되면 높은 보수를 받을 수 있다.

미래 전망

한국에서 산림은 국토의 70%를 차지하고 있으며, 이것을 개발하기 위해 정부와 산림청도 청사진을 제시하고 있다. 이를 위해 전문 인력을 육성하고 있는데 현재 산림치유지도사의 경우에는 신생 직업으로 전문성에 비해 보수는 적으나 미래 성장 가능성이 높다. 특히 경력을 쌓고 연구 센

터를 개설하여 개인 상담이나 강의를 하면 발전 가능성이 높다.

- 고령화 사회로 진입하게 되면 실버 관련 산업이 급속히 성장할 것이다.
- 헬스 케어 산업은 IT와 연결되고 다국적 의료 기업이 들어오게 되면 큰 변화가 예상된다.
- 예방 의학이 발달하게 되고 개인별 맞춤 치료로 변화하게 된다.
- 웰니스(Wellness)는 육체적 건강뿐만 아니라 정신적으로도 즐겁고 행복한 삶을 추구한다.

산림치유지도사 & 숲 해설가

산림치유지도사는 치유의 숲, 자연휴양림 등 산림을 활용한 대상별 맞춤형 산림치유 프로그램을 기획·개발하여 산림치유 활동을 효율적으로 할 수 있도록 지원하는 국가 자격의 전문가이다. 산림치유지도사 자격증은 산림청장이 발급하는 국가 자격증으로 자격 기준에 따라 1급과 2급으로 구분된다.

– 자격 요건

- 1급 산림치유사 : [고등교육법] 제 29조에 따른 대학에서 의료, 보건, 간호 또는 산림 관련 학과의 학위를 취득한 사람으로서 양성 기관에서 운영하는 1급 산림치유지도사 양성 과정을 이수한 사람
- 2급 산림치유사 : [산림 교육의 활성화에 관한 법률] 제2조 제2호에

따른 산림 교육 전문가(숲 해설가, 유아 숲 지도사, 숲길 체험 지도사) 자격을 취득한 후 해당 분야에서 2년 이상 종사한 경력이 있는 사람으로서 양성 기관에서 2급 산림치유지도사 양성 과정을 이수한 사람

숲 해설가의 자격 요건은 연령, 학력, 경력 등의 제약 사항은 없지만 유아교육 관련 전공자는 유리하다. 산림청에서 지정한 교육기관에서 170시간 이상을 이수하고 실습 평가에 합격해야 한다. 인문, 철학, 역사에 대해 지식이 있는 사람은 숲 해설을 하면서 스토리텔링을 구연할 때 유리하다.

특히 숲 해설가는 인생 1막을 지나 은퇴 또는 자녀들의 출가 이후 자연과 함께 사는 삶을 꿈꾸는 사람에게 좋은 직업이 될 수 있다. 중장년의 경우 삶의 질을 높이고 안정을 추구하는 경향이 있다. 숲 해설가는 도시 생활의 일상에서 벗어나 소득은 적지만 자연 친화적인 직업을 가질 수 있는 장점이 있다.

– 주요 근무처 및 보수

산림치유사는 치유의 숲, 자연휴양림, 산림욕장, 숲길 등에서 근무하게 되며 국립 치유의 숲 기준으로 보수는 약 250만 원 정도이다. 숲 해설가는 1999년 양성된 이래 현재 2,500여 명이 활동 중이며, 주로 기간제 계약이나 파트타임 등을 통해 일한다. 시간이나 활동 횟수로 임금을 받는데 3만~10만 원이 지급된다. 월급으로 지급되는 경우에는 100만~200만 원 정도로 형성되어 있다.

1. 김선묵 산림치유사

산림 치유와 중의학을 결합하여 새로운 시장을 개척

산림청에서 운영하는 치유의 숲 중에서 특히 인기를 끄는 곳은 산음자원휴양림의 치유의 숲 건강 센터이다. 그곳에는 사상체질을 나무와 접목시켜서 일반인에게 자신의 체질과 함께 자신에게 맞는 나무를 소개해 주는 김선묵 산림치유사가 있다. 그녀는 북경중의학대학에서 5년 과정을 마치고 천진의 중의학병원에서 5년간 인턴 생활을 했다. 1997년 부푼 꿈을 안고 한국으로 돌아왔으나 한국에서 활동하기에는 벽이 너무 높았다. 이후 그녀는 양평에서 문화 해설사, 숲 해설사로 활동하였다.

준비된 그녀에게 마침내 행운이 찾아왔다. 2012년 산림청에서 산림 치유에 대한 청사진을 발표한 것이다. 그녀는 산림치유지도사에 응시하여 합격하고 현재 산림치유사로 활동하고 있다. 산림을 이용해 사상체질에 맞는 자연 치유에 대한 기획과 프로그램을 만들어 사람들에게 큰 호응을 얻고 있다.

동양의학에서는 각 체질을 태음인, 태양인, 소음인, 소양인의 네 가지로 구분한다. 그녀는 사상체질을 식습관과 나무에 연관시켜 이야기하고, 숲에 누워서 단전호흡을 하게 되면 부교감 신경이 촉진되는 것을 활용해 프로그램을 만들었다. 다양한 나무의 특성과 사상체질을 연결해 알려주어 사람들의 호응이 높다.

사상체질에 맞는 체질별 산나물도 추천해 준다. 예를 들어, 태음인은 초록색 계통보다는 흰색이 이롭다. 푸른 잎 채소보다는 흰색이 많은 뿌리 종류의 야채를 추천한다. 초록색이 들어간 상추, 배추, 미나리, 깻잎 등이 간의 기운을 더욱 상승하게 하여 몸을 상하게 한다. 흰색이 있는 무, 연근, 도라지, 더덕 등이 더 좋다. 반면 태양인은 흰색 계통이 해롭다. 푸른색과 초록색 계통이 좋다. 육식을 많이 하면 몸이 괴롭고 병에 취약하다. 항상 푸른 잎 위주의 채식을 하는 것이 좋다. 이렇듯 사람들이 쉽게 자신의 체질을 파악하고 식습관에 적용할 수 있도록 한다.

2. 전은정 대표

숲 관련 전문 출판사 '목수 책방'의 대표, 숲 해설가이자 환경 전문가

전은정 대표는 숲 해설가로 활동하면서 환경 생태 1인 출판사를 운영하는 '목수책방'의 대표이다. 그녀는 4년째 서울 옥수동에서 1인 출판사를 운영하면서 카페를 운영하고 숲 해설가로도 활동하고 있다. 자연 친화를 주제로 하여 유기농차, 인문학 특강, 생태 드로잉 등 자연과 관련해 활동 영역을 넓히고 있다.

출판사에서는 2014년부터 지금까지 18권의 책을 출간했다. 그녀는 잡지사 경력이 10년이고 출판 편집자 경력이 3년인데, 소수지만 환경과 생태에 관해 관심이 있는 마니아층이 있다고 말한다. 그녀가 출간한 책 중 3쇄 이상 팔린 책은 《흙의 학교》, 《서울 사는 나무》, 《식물 이야기 사전》 등이 있다. 남이 가지 않는 길은 더디고 힘들지만 한번 탄력을 받고 추진력을 얻으면 급성장할 수 있다. 모수나무가 뿌리를 내리듯이 더 큰 나무가 되기 위한 산통을 겪고 있는 것이다. 이런 도서는 인내심을 가지고 꾸준히 출간하면 대박은 아니더라도 스터디셀러로 자리 잡을 수 있다.

5장 세상에서 가장 아름다운 곳에 나를 세워라

'오늘'이라는 선물

가진 것에 감사하는 것이 최고의 선물

오늘이 선물이라고 생각하는 사람이 얼마나 될까? 아침잠이 많은 나는 수없이 알람을 꺼버렸다. 아침은 선물이 아니라 전쟁터였다. 하루하루 쳇바퀴 돌듯 바쁘게 보내고, 주말까지도 회사에 나가서 기한 안에 일을 마쳐야 했다. 그렇게 직장생활에 함몰되어 있던 나는 호주에서 같이 공부했던 언니 둘과 함께 일상 탈출을 결심하고 울릉도로 떠났다. 아직 원시림의 모습을 간직한 울릉도는 뱃멀미를 하고 온 시간이 아깝지 않을 정도로 정말 아름다웠다.

울릉도 바다는 수심이 깊어서 그런지 더 푸른빛이 돌았다. 해변을 산책하다 보니 해녀 한 분이 천연 석굴을 채취하고 있었다. 원래는 일반인들에게 판매하지 않았지만 우리와 수다를 떨면서 친해진 덕분에 그녀는 우리에게 한 보따리를 팔았다. 그녀는 젊었을 때 육지로 돈을 벌기 위해 나갔다가 병만 얻고 돌아왔다고 한다. 그리고 다시는 육지로 나갈 생각이 들지 않는다고 했다. 매연 때문에 숨을 제대로 쉴 수가 없고, 물도 몸에 맞지 않아 두드러기가 나서 못 살겠다는 것이다.

그때 내 머리를 스쳐 지나가는 생각이 있었다. 나는 도시 생활을 기준으로 당연히 울릉도에서 사는 것이 힘들 거라고 생각했다. 그런데 사실 그녀는 이곳에서 최상의 자연 혜택을 누리며 살고 있는 것이다. 그녀의 삶 자체가 최상의 무공해 선물이다. 공기도 물도 산나물도 해산물도 말이다. 자신이 가진 것에 대해 감사할 때 그것은 최상의 선물이 된다.

울릉도 아침의 떠오르는 일출을 바라보면서 '오늘'이라는 선물에 감사했다. 현재의 순간에 감사하는 순간 세상은 다른 느낌으로 다가왔다. 무언가 내 안이 충만하게 채워지는 느낌을 받았다. 지금까지 내가 가진 것이 무엇인지를 깨닫지 못했기 때문에 감사할 줄도 몰랐던 것이다. 하루의 선물을 받은 내가 할 수 있는 일들은 너무나 많다. 그 선물을 후회와 원망으로 강물 위에 던져 버릴 것인지, 자신을 위한 희망의 탑을 쌓을 것인지는 오직 나의 선택이다.

바쁜 일상에서는 생각지 못한 깨달음이었다. 현재 나는 최상의 것을 누리고 있는데 미처 깨닫지 못한 것은 아닐까? 사실 내가 살고 있는 서울에서는 자연의 혜택을 제외하면 최고의 물질문명과 그 혜택을 누릴 수 있다. 더 이상 과거 어머니가 새댁일 때처럼 냇가의 얼음을 깨고 빨래하지는 않는다. 생각해 보면 지금 나는 고단한 한국 여성의 삶에 비추어 볼 때 문명의 혜택을 가장 많이 받는 시기에 살고 있는 것이다.

여자에게 투표권이 부여가 된 역사는 얼마 되지 않았다. 영국에서는 1928년에 성인 여성에게로 투표권이 확대되었으며, 한국에서는 1948년에 실시한 첫 선거에서 남성과 같이 여성의 투표권이 인정되었다. 현재는 선진국이 될수록 3만 불 시대로 가기 위해서는 여성의 참여가 있지 않고서는 불가능하다. 여성이 전문 직업을 가질 수 있도록 사회 환경은 여성들에게 점차 좋게 변하고 있다. 앞선 여성들의 희생을 통해 우리가 누릴 수 있는 혜택이 많아졌음에도 불구하고 현재에 대해 감사한 마음보다는 불평이 먼저였다.

겸손한 마음으로 하루를 마감하라

신이 인간에게 공평하게 주신 선물은 시간이다. 그 시간을 어떻게 사용하느냐에 따라 풍요와 부를 이룰 수도 있고, 나락으로 떨어질 수도 있다. 과거의 상처와 아픔으로 현재의 시간을 허비하고 있다면 미래에 또다시 과거의 시간을 후회하는 일을 반복하게 될 것이다. 현재의 시간을 소중히 생각하고 하루하루를 가치 있는 시간으로 채운다면 힘든 순간도 결국에는 의미 있는 시간으로 바뀔 수 있다.

마야 안젤루(Maya Angelou)라는 흑인 여성은 여성의 인권 신장을 위해 자신의 한 평생을 바쳤다. 그녀는 미국에서 가장 영향력 있는 흑인 여성이며, 미국의 시인, 작가, 배우, 교수, 인권 운동가 등에게 살아 있는 전설로서 많은 영감을 주고 영향력을 미쳤다. 미국의 권위 있는 퓰리처상을 수상하였고, 빌 클린턴 대통령 취임식 때는 축시를 낭송할 정도로 미국인들의 사랑을 받는 여성이다. 그녀의 과거 여덟 살 때 강간을 당해 법정에 서야 했고, 그때의 트라우마로 인해 실어증을 앓았다. 문학을 통해 자신의 아픔을 치유하고, 사회적 약자인 흑인 여성을 위해 자신의 사명을 다하게 된다.

그녀는 1940년대 인종 차별이 극심했던 시절 미혼모였지만 자신을 잃지 않고 꿈을 이루어 갔다. 상처투성이였던 과거를 극복하고 시인이자 배우로 한 시대에 영향력을 끼친 그녀의 일생은 파란만장하다. 그녀가 자신의 과거에 묶여 있었다면 아마도 현실을 감당하기 어려웠을 것이다. 자신과 같이 아픔을 가지고 있는 흑인 여성들을 위해 시와 소설을 쓰고 그들을 위한 삶에 헌신하면서 그녀는 자신을 치유할 수 있었다.

그녀는 여성들에게 자신의 삶을 주체적으로 살아가라고 말한다. 어떠한 경우에도 인생에서 포기라는 것은 하지 말고 다시 일어서서 자신의 삶을 살아가라고 한다. 이것을 말이 아닌 자신을 롤 모델로 미국인의 가슴에 심어주었고 가장 영향력 있는 흑인 여성이 되었다. 마음의 상처로 인해 타인과 벽을 쌓고 사는 삶이 아니라, 타인을 위해 자신의 삶을 기꺼이 헌신했을 때 그녀의 마음속 상처는 치유되었다. 그리고 그녀는 같은 상처를 받은 여성들에게 큰 희망과 용기를 줄 수 있게 되었다.

마야 안젤루의 이야기에도 알 수 있듯이 자신의 과거가 어떤 것이든 중요하지 않다. 과거는 지나간 것일 뿐이다. 중요한 것은 현재 내가 어떤 생각을 가지고 어떠한 자세로 살아가는가이다. 자신의 과거에 묶여 현재의 내가 영향을 받는다면 자신의 삶을 온전히 살아갈 수 없다. 과거의 상처가 하나의 영양분이 되어 뿌리 깊은 나무가 될 수 있도록 해야 한다. 그리고 자신과 같이 고통받는 사람들을 위해 헌신한다면 큰 나무로 성장할 수 있다.

하루의 시간을 '선물'이라고 생각하면 삶은 충만해진다. 단, 당신을 위해 준비된 선물을 풀어볼 때까지 가는 길을 멈추어서는 안 된다. 미래를 꿈꾸고 목표를 가지고 준비한다면 당신을 위한 선물은 분명 준비되어 있다. 삶의 고비마다 크고 작은 선물들이 당신을 기다리고 있을 것이다. 그것은 사람과의 만남일 수도 있고, 삶의 깨우침으로 다가올 수도 있으며, 따뜻한 말과 행동으로 당신의 길을 축복해 줄 수도 있다. 그리고 당신도 다른 사람들을 위해 따스한 촛불이 되어줄 수 있다. '오늘'이라는 선물을 어떻게 사용할지는 어디까지나 당신의 선택이다.

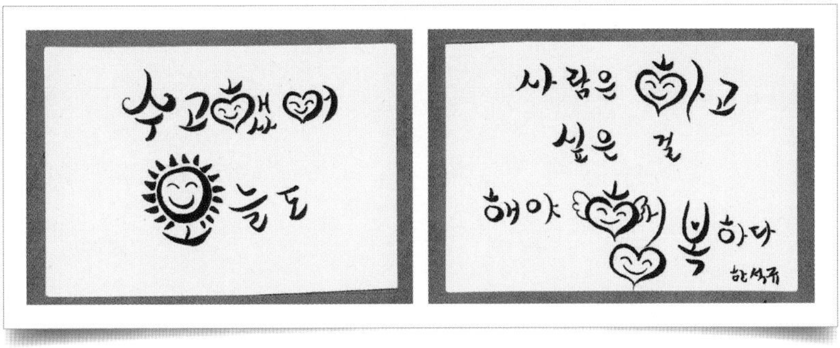

'오늘'을 선물이라고 생각하면 삶은 더욱 충만해진다.

오늘의 시간을 부정적인 생각, 남들과의 비교, 시기와 질투, 게으름으로 의미 없이 보낸다면 이 시간은 분명 훗날 후회로 남을 것이다. 그날의 일들은 그날 툭툭 털어 버리고 '새 아침'이라는 기쁨의 선물을 흠뻑 받아야 한다. 모든 사람은 같은 태양 아래에서 서로 기대며 살아가고 있고, 신은 서로의 아픔을 안아주라고 따뜻한 가슴과 두 팔을 주신 것이다.

오늘은 나에게 어떤 신나는 일이 펼쳐질까? 그리고 하루를 마감하는 시간에는 "오늘 하루도 무사히 보내게 해주셔서 감사합니다"라는 겸손한 마음이면 충분하다.

무지갯빛,
분명 나만의 색깔이 있다

나만의 빛을 만들어라

빨주노초파남보의 일곱 가지 아름다운 무지개 빛깔처럼 여성의 삶도 어려움을 견뎌내고 나면 무지개가 뜰 것이다. 천연의 색상은 각기 고유의 아름다움을 가지고 있다. 어떠한 불순물도 섞여 있지 않은 천연의 색을 가질 때 가장 아름답고 빛나게 된다. 자신이 가진 빛깔이 어떤 색인지를 깨닫는다면 자신의 역량을 발휘할 수 있는 일을 통해 반짝반짝 빛날 수 있다. 자신의 빛깔이 열정과 도전을 상징하는 빨간색이든, 조화와 안정을 비추는 초록색이든, 따뜻함과 활력을 주는 주황색이든 간에 각자의 고유한 색상이 가지는 장점이 분명히 있다. 자신의 장점을 최대화해서 남을 비춰줄 수 있는 투명한 빛으로 성장해야 한다.

자신의 빛을 가지기 위해서는 남과 비교하지 않고 자신만의 삶을 살아야 한다. 자신만의 절대 지표를 가지고 타인과 더불어 사는 방법을 터득해야 한다. 다른 사람과 비교하는 것은 자신의 빛을 퇴색시키고 방향성을 상실하게 한다. 자신만의 방식으로 길을 갔을 때 자신의 빛을 발휘할 수 있다. 방향을 잃지 않기 위해서는 다른 사람이 가지고 있는 것을 부러워하는 대신 자신이 가진 장점을 살려서 자신만의 고유한 특성을 유지할 수 있어야 한다. 그것이 바로 자신의 정체성이 된다. 자신의 정체성을 확실히 세워야 타인의 삶에 휘둘리지 않고 주도적인 삶을 살 수 있다. 그리고 무지개 색처럼 자신의 고유한 색을 잃지 않고 타인과 조화를 이루는 아름다운 빛을 내게 된다. 그것은 다른 사람과 자신의 차이를 인정하고 이해하면서 서로 그 간격을 좁혀가려 노력함으로써 가능해진다.

코코 샤넬(Gabrielle 'CoCo' Chanel)은 타인의 시선보다는 자신을 믿고 자신의 색깔을 낸 여성의 대명사이다. 화려한 귀족이 아닌 빈민가에서 태어났지만 자신의 정체성을 가지고 자신의 가치를 만들어낸 여성이다. 그녀는 환경을 탓하지 않고 자신에게 주어진 장점을 살려 성공했다. 그것은 명확한 자기 확신과 자신이 추구하는 꿈을 향해 앞으로 나아갔기에 가능한 일이었다. 누구나 그녀처럼 할 수 있다. 단지 그것을 믿고 지속적으로 실행하느냐, 주저하며 시간을 보내느냐의 차이일 뿐이다. 목표를 세우고 그것을 이루기 위해 세밀한 계획을 세워야 하며, 멘토의 조언을 얻어 진행한다면 놀라운 성과를 낼 수 있다.

코코 샤넬은 프랑스 시골 처녀와 장돌뱅이 바람둥이 아버지 사이에 태어났다. 자매들과 함께 고아원에 버려졌지만, 그녀는 세상으로부터 버려지는 약자가 되는 길 대신 사람들의 시선에 굴복하지 않고 도전하는 도도

한 인생을 선택한다. 그녀는 청소년기에 낮에는 양재사로 일하고 밤에는 가수로 카페에서 일하면서 자신의 꿈을 위해 악착같이 돈을 모은다. 양재사 일은 훗날 그녀가 디자이너가 되는 데 큰 역할을 하게 된다. 인생의 시작점에서는 아무도 그녀를 명품 브랜드를 대표하는 여성으로 상상할 수 없었을 것이다. 하지만 샤넬의 브랜드는 100년을 이어가며 명품으로서 여성들의 사랑을 받고 있다.

현재의 상태에 머무르는 사람이 있고, 진행 중인 사람이 있다. 자신의 꿈을 향해 가는 사람은 현재의 자신에 모습에 크게 가치를 두지 않는다. 미래의 자신의 모습을 그리고 앞을 향해 달려가기 때문이다. 현재 자신의 모습이 초라하다면 사람들의 시선과 평가에 의미를 부여할 필요가 없다. 미래 나의 모습은 자신만이 볼 수 있고 그릴 수 있다. 사람들은 불가능하다고 생각한 것을 해내는 당신의 모습을 보고 경이롭게 재평가할 것이다. 그 시간을 상상하며 자신의 길을 나아가면 된다.

김연아의 광고 타이틀을 보면 "I can do it"이라는 말이 있다. 해낼 수 있다는 자신에 대한 믿음을 가지고 수많은 시간을 보이지 않는 자신의 모습을 위해 연습한 것이다. 자신이 해낼 수 있다는 것을 확신하는 선언을 하면 두려움과 공포는 옅어지게 된다. 내가 할 수 있는 최선의 노력을 다하는 것, 그리고 그 결과에 대해 받아들이는 열린 마음의 자세는 두려움을 없애준다. 노력하지 않고 지레 겁부터 먹는다면 이 세상에서 조연으로 밀려나게 될 것이고, 남을 부러워하기만 하는 인생을 살아야 한다.

기대 심리에 대한 연구가인 크리스 버딕은 《상상하면 이긴다》에서 인간의 뇌가 어떻게 작동하고 왜곡하는지에 대해 설명해 준다. 인간의 뇌는 자신이 상상하는 대로 활동한다. 따라서 부정적인 생각은 더 큰 부정적인 이미지를 만들어내고 자신을 압도하게 된다. 긍정적인 생각을 통해 뇌가 더 긍정적이고 활동적이 될 수 있다. 자신에 대한 긍정적인 믿음을 통해 자신이 상상하는 것이 이루어진다는 믿음으로 오늘 하루도 성실히 살아야 한다.

첫술에 배부를 수는 없다. 자신의 빛을 만들어내기 위해서는 내면에 향을 머금을 수 있어야 한다. 그 과정은 스스로 헤쳐나가야 한다. 사랑하는 사람, 친구, 가족은 그 과정에 동행해 주는 고마운 인연이다. 그리고 나 또한 사람들의 길에 동행이 되어주어 자신의 빛깔을 간직한 채 서로에게 좋은 영향을 주고받게 된다. 무지개 빛깔은 자신의 고유의 색을 가지고 있으며, 서로의 색이 어울러졌을 때 아름다운 빛을 만든다. 인생도 결국 자신의 빛깔을 가지며 타인의 색과 어우러져야 아름답다. 궁극적인 아름다움은 자기 만족과 타인에 대한 존중을 통해 어우러지는 삶이다.

뛰는 여자 위에 나는 여자 있다

포용의 리더십을 발휘하라

'암탉이 울면 집안이 망한다'는 남성주의 사고와는 다른 종류로 닭의 리더십을 생각할 만한 고사성어가 있다. '목계지덕(木鷄之德)'이라는 고사성어는 중국 도가 사상 중 '달생' 편에서 이야기되고 있다. 나무로 만든 닭처럼 마음의 평정심을 가지고 더불어 덕을 갖추고 있으니 어떤 닭도 싸우기 전에 도망간다는 뜻인데, 부드러움과 유약함이 결국 강하고 센 것을 이길 것이라는 의미이다. 주변의 환경에 일희일비하지 않고 목계처럼 초연하게 대처하는 리더십에 비유할 수 있다.

주나라 선왕은 닭싸움을 좋아했다. 그래서 이 분야의 일인자라는 기성자를 찾아서 고용하고 최고의 싸움닭을 만들게 했다. 10일이 지난 후 진행 상태를 알아봤다. 처음 물었을 때 그는 "아직 싸움닭이 되기에는 멀었다. 이유는 힘은 센데 교만해서 자신이 최고라고 생각한다"고 대답했다.

두 번째 물었을 때는 "닭이 상대방의 소리와 그림자에 쉽게 반응한다"고 대답했다. 세 번째 궁금해서 물어보자 "닭이 지나치게 공격적이어서 상대를 노려보는 눈이 드러난다"고 이야기했다. 네 번째에 이제 되었는지 물어보았을 때 비로소 "이제 됐습니다. 마음의 평정을 찾아 마치 나무로 만든 닭 같습니다. 심지어 덕을 갖춘 듯한 모습을 보이니 어떤 닭이라도 보고 도망갈 것입니다"라고 대답했다.

목계지덕은 상대방에게 매서운 눈초리를 보여주지 않아도 자신을 통제하는 카리스마를 통해서 상대를 어렵게 대하는 것을 말한다. 여성 특유의 부드러움은 이러한 카리스마를 겸비하기에 더없이 좋은 리더십이다.

삼성경제연구소는 '글로벌 기업의 여성 CEO 탄생'이라는 보고서를 통해 여성 CEO의 비결로 '여성 특유의 리더십'을 강조했다. "여성 CEO들은 전통적으로 남성성으로 상징되던 높은 열망과 도전정신, 강한 추진력 외에도 권위보다는 배려와 참여를 중시하는 여성 특유의 리더십을 발휘했다"고 강조했다. 여성의 장점은 사람들을 배려하고 생각을 강요하지 않기 때문에 자기 주도적인 효과를 높일 수 있다는 것이다. 남성들의 조직 사회는 결과와 목표 지향적 성향을 가지고 있는 반면 여성은 배려적인 성향을 가지고 있다. 이것은 남성은 명령과 통제를 통한 리더십이라면 여성은 상호작용을 통해 사람들을 배려하고 섬기는 리더십을 발휘하며, 이를 통해 지속적인 성과를 낼 수 있다는 뜻이다. 여성의 발언권이 커지면서 여성의 포용적이고 섬기는 리더십이 더 효과적인 결과물을 만들어낸다.

여성의 리더십이 가지는 장점은 정직, 신뢰, 경청 외에도 동료들을 존중하고 격려하는 태도, 긍정적이고 열린 사고방식, 비판에 대해서 웃어넘길 수 있는 여유, 상대방을 인정하고 섬기는 자세 등이 있는데 이를 통해서 조직을 통합하고 융화시킨다는 것이다. 이런 장점이 조직 안에서 빛을 볼 수 있도록 자신감 있고 소신 있는 태도로 일하며 열정을 발휘해야 한다.

여성의 포용 능력은 다양성을 인정하고 존중해 주는 장점이 있다. 이것은 다름을 인정하고 그 안에서 새로운 것을 창조해내는 능력이다. 또한 이것은 사람들의 고유한 가치와 능력을 인정하여 서로에게 영향을 미치며 진취적으로 일을 진행하게 하는 창조적 리더십을 발휘한다.

세계여성발명기업인협회 한미영 회장은 배려하고 포용하는 여성의 리더십을 보여주는 대표적인 사례이다. 세계여성발명기업인협회는 UN 전문 기구인 세계지적재산권기구(WIPO)와 우리 정부의 지원을 받아 해마다 동유럽과 중앙아시아, 서아시아 국가의 여성을 초청해 이들 나라 여성의 지식 재산권 강화를 위한 연수를 실시하고 있다. 한미영 회장은 생활의 불편함을 해소할 수 있는 것이 발명이며, 생활 속에서 발명을 잘할 수 있는 주체도 여성이라고 이야기한다. 이른바 생활 발명인 것이다.

그녀는 여성들 누구나 일상에서 발명을 할 수 있으며 돈도 벌 수 있다고 강조했다. 그녀는 "주전자의 물이 끓을 때 발생하는 달그락거리는 소리가 거슬려 주전자 뚜껑에 구멍을 낸 것은 유명한 발명의 일화입니다. 이것은 누구나 삶 속에서 겪을 수 있는 일이지요. 우리의 일상생활에서 불편함을 해소하고 보다 편리하게 만들기 위한 고민의 결과가 바로 발명입니다. 기존의 제품이라 하더라도 하나라도 새로운 기술이 추가된다면 특허로 인증받을 수 있어요. 발명은 결코 어려운 게 아닙니다. 남의 일로 치부하고 무심히 넘기기 때문에 못하는 것뿐입니다"라고 말한다.

그녀는 특히 출산과 육아로 인해 경력이 단절된 여성들이 발명을 통해 창업하거나 지식 재산권을 취득한 뒤 일을 하는 길을 제시한다. 이를 위해 10년 넘게 지식 재산권에 관한 전국 순회 설명회, 발명 창의 교실 등을 개최하고 교육과 무료 변리 상담, 시제품 제작, 박람회 지원 등을 통해 여성의 발명 문화 확산을 위해 노력하고 있다. 이같은 노력을 통해 회장을 맡은 지 10년 만에 회원 수가 100여 명에서 4,500여 명으로 대폭 늘어났을 뿐만 아니라 같은 시기 동안 여성의 지식 재산권 출원 건수가 120% 넘게 대폭 증가했다. 아울러 우리나라를 여성 지식 재산의 중심 국가로 만들기 위해 30여 개국 여성 발명인들의 국제적 네트워크인 세계여성발명기업인협회도 발족했다.

그녀는 상당수의 고학력 여성이 출산과 육아 때문에 사회에서 제대로 된 일자리를 얻지 못하는 현실을 안타까워 한다. 창의력을 키워 지적 재산권을 갖는 것은 창조경제에서 사회적 일자리를 만들고 경제 발전과 경쟁력 강화에 큰 도움을 줄 수 있다고 이야기한다. 그녀는 50대에 이르러서야 이렇게 다른 여성들을 위해 돕는 역할을 해야겠다고 결심하고 실행하게 되었다면서 사명감을 가지고 여성 발명가들을 육성하기 위해 주야로 노력하고 있다.

21세기에는 여성의 공감 리더십이 사람들의 지지를 받고 있다. 산업 사회에서는 권위적이고 위에서 밑으로 전달하는 방식으로 일을 처리하는 수직적 남성 리더십이 필요했지만, 21세기의 지식 사회에서는 수평적이고 타협적이며 배려를 중심으로 하는 상향적 공감과 조화를 대변하는 리더십을 요구한다. 공감 능력은 경청을 통해 말하는 사람에게 자신을 전부 드러내게 하는 심리적인 특성이 있는데 모든 사람들을 카멜레온처럼 수용하고 받아들이게 한다. 공감 능력이 뛰어난 사람은 주위 사람들을 끌어모은다. 경쟁과 분쟁이 있는 남성 문화에 평화와 사랑이 있는 여성 특유의 리더십이 빛을 발한다.

파랑새는 이미 당신을 지키고 있다

행복은 그것을 찾는 과정에 있다

'일체유심조(一切唯心造)'라는 유명한 일화가 있다. 원효대사가 당나라 유학길에 밤에 무덤 앞에서 잠이 들었다. 목이 말라 일어나 물을 마셨는데 꿀맛이었다고 한다. 그런데 아침에 깨서 보니 그 물은 해골에 고인 물이었다. 원효대사는 그때 큰 깨달음을 얻었다. 현상은 변하지 않았으나 그것을 느끼는 감정에 따라 모든 것이 달라진다는 것이다. 이야기인즉 모든 것은 마음을 어떻게 먹느냐에 따라 그것이 행복과 불행으로 나누어지는 것이다.

사람들은 행복하기 위해 오늘도 열심히 일하고 있다. 하지만 행복의 진정한 가치를 깨닫고 실천하는 사람은 의외로 많지 않다. 행복은 돈이 많거나 명예가 높다고 얻어지는 것이 아니다. 그것은 물질이 아니라 현재 느끼는 감정의 상태이다. 자기 스스로를 소중히 여기고 삶을 가치 있게 가꾸어 가면서 충만함을 느끼는 것이다. 더불어 사람들과 좋은 관계를 유지하면 행복하다고 느끼게 된다. 행복은 현재 내가 느끼는 감정이며 즉시 사라질 수도 있는 것이다.

부모님 세대는 행복해지기 위해 열심히 일했다. 어떠한 조건에 다다르면 행복해질 거라는 믿음으로 그 목표를 이루기 위해 열심히 노력했다. 돈, 차, 집, 학벌 등 물질적인 조건이 충족되면 행복해질 거라고 생각하고 현재를 저당 잡힌 채 앞만 보고 달렸다. 하지만 막상 자신이 원하는 것을 이루고 나면 행복하다기보다는 허무함을 느끼게 된다. 그것을 얻기 위해 매일 밤을 지새우는 동안 사람 주변 사람들이 하나둘씩 내 곁을 떠나가고 있었다.

부모님 세대는 목표를 위해 가족과 함께하는 시간도 희생했다. 하지만 은퇴 후 집으로 돌아오면 아이들도 부인도 각자의 인생을 살고 있다. 함께 시간을 보낸 적도 없어서 가족들과 어떻게 친밀감을 유지해야 하는지도 모르겠다. 이것이 부모님 세대의 자화상이다. 아내도 힘들기는 마찬가지였다. 혼자 아이들을 키워야 했고, 시부모님의 눈치를 보며 살아야만 했다. 내 편 하나 없는 것 같은 외로움에 아이들만 바라보며 인생을 바친 부모님이 많다. 하지만 그런 부모님의 희생에 고마워하기보다는 자기중심적이 되어 버린 자식도 많다.

행복도 연습이 필요하다. 나도 어른들이 말하는 것처럼 20대에는 행복해지기 위해 밤낮없이 열심히 일했다. 20대에는 사람들이 말하는 좋은 직업, 차, 집, 명예, 권력 등을 얻게 되면 행복해질 거라고 생각했다. 뒤돌아

볼 새도 없이 앞만 보고 열심히 달렸다. 하지만 막상 그것들을 얻게 되었을 때 남는 것은 그저 허무함뿐이었다. 잠시 잠깐의 기쁨뿐이었다.

그리고 30대 중반에 뒤늦게 깨달았다. 행복이라는 것은 그것을 얻기 위해 노력하는 과정이었고, 사람들과 함께하는 시간이라는 것을 말이다. 나는 그 순간마다 행복을 느끼지 못하고 스쳐 지나간 것이다. 그래서 지금은 멋모르는 20대 청춘보다는 인생의 쓴맛을 아는 이 순간이 가장 소중하다는 것을 느끼며 현재를 감사하게 생각한다. 커피 한 잔과 컴퓨터 자판 한 자 쓰는 이 순간이 가장 큰 행복이다. 행복은 큰 것에 있지 않다. 자기 만족이며 그 감정을 깨닫는 것이다.

내 안의 행복을 찾아라

가로수길칼국수를 하면서 전에 경험하지 못했던 많은 것을 깨닫고 감사하게 된다. 처음 음식점을 시작할 때는 주변의 시선이 따가웠다. 왜 젊은 사람이 음식점을 하는지 의아해하는 사람부터 잘했다고 칭찬해 주시는 어른까지 각양각색의 사람들을 만났다. 뿐만 아니라 문화적 차이가 큰 교포 분들부터 아르바이트 학생들까지 다양한 입장의 사람들을 대하게 되었다. 처음에는 그들을 이해하기 힘들었지만 막상 같은 경험을 해보니 왜 성격이 급해지는지, 어떤 상황에서 왜 화를 내는지 이해하게 되었다. 모든 사람들은 나름의 이유와 어려움이 있다. 그것을 이해하고 수용하고 받아들이면서 사람들을 대하는 것도 달라졌다.

일하는 사람부터 살펴보자. 모두 각양각색이다. 함께 일할 때 가장 즐겁고 신났던 분은 내가 언니같이 따랐던 홀 이모님이었다. 63호텔 뷔페부터 일식집까지 일해본 베테랑 매니저 언니였는데, 인연이 되려고 그랬는지 우리 식당에서 일하기로 했다. 자신에 대해 자부심 있는 사람과 일하면 재미있고 즐겁다. 이 언니는 경험이 많았기 때문에 손님들과 소통하는 능력이 탁월했다. 손님의 생일이면 초코파이에 초라도 켜서 축하 노래를 불러줬다. 출퇴근 시간에는 식당 명함을 지하철에서 만난 모르는 사람에게도 전해줄 정도로 식당에 애착이 있었다.

언니는 나에게 젊은 사람이 어머니와 함께 열심히 사는 게 보기 좋아서 도와주는 것이라고 했다. 자신은 어차피 남에게 돈을 벌어주는 것인데 흥청망청 돈을 쓰는 사람보다는 성실하게 열심히 일하는 사람에게 그 돈이 돌아갔으면 좋겠다고 말했다. 나의 부족함을 느꼈다. 나는 내가 임금을 주는 사장이라는 얕은 생각만 한 것이다. 언니는 월급도 중요하지만 그 이전에 그 돈이 돌아가는 사람의 가치를 본 것이었다. 가슴에서 뜨거운 눈물이 올라왔다. 나는 사람에 대한 존중을 말로만 했을 뿐 가슴으로 그 언니를 안아주지 못했다는 생각이 들었다. 일을 하면서 경험을 얻고, 사람들과 부대끼면서 서로 의지하고 함께하는 것을 배웠다.

행복이라는 해답을 찾아 돌고 돌아보니 정답은 바로 내 안에 있었다. 나는 그것을 찾아 헤매는 시간이 헛되지 않았다고 생각한다. 많은 것들을 보고 듣고 경험하고 난 후에 비로소 그것을 깨닫게 되었기 때문이다. 머리가 아닌 가슴으로 느끼게 되었다. 그래서 나는 내가 느낀 것을 사람들과 나누고 싶었다. 가장 행복한 시간은 지금 같이 음식을 먹고 있는 사랑하는 사람과 함께하는 시간이라는 것을 말이다. 그래서 식당에도 '생명의 나무'와 '낙지'라는 포토존을 만들어 그것을 추억할 수 있도록 했다. 우리 식당이 단지 음식을 먹는 곳이 아니라 사랑하는 사람들과 그 시간을 즐기고 추억을 남길 수 있는 곳이 되었으면 하는 마음에서였다. 나의 식당은 작지만 그 마음만은 크다는 것을 사람들에게 알려주고 싶었다.

행복은 먼 미래에 있는 것이 아니라 지금 이 순간에 있다. 행복을 찾아

일본인 모녀에게 써준
추억의 기념품 캘리그라피

아이가 뱃속에 있을 때부터 함께한
일본인 가족의 사진

헤매지 말고 현재 내 곁에 있는 사람과 즐겁게 보내고 또 힘든 일이 있을 때는 위로해 주면 된다. 나를 믿고 지켜봐 주는 사람이 곁에 있는 것만큼 큰 힘이 되는 것은 없다. 가족과 친구, 이웃에게 따뜻한 말, 친절한 미소로 행복을 전해줄 수 있으면 돈이 많고 적음을 떠나서 행복은 내 안에 있게 된다. 자신이 충만하고 행복할 때 입꼬리가 절로 올라가고 미소도 저절로 짓게 된다. 오늘 하루도 미소로 행복을 전해주는 사람이 되어야겠다.

내 발자국이 뒷사람의 이정표가 된다

받은 것을 다시 돌려주는 삶을 살아라

踏雪野中去(답설야중거) 눈 내린 들판을 걸을지라도

不須胡亂行(불수호난행) 모름지기 어지럽게 걷지 마라.

今日我行跡(금일아행적) 오늘 나의 발자국이

遂作後人程(수작후인정) 뒤에 오는 사람의 이정표가 되리니.

위의 시는 서산대사의 '답설야중거(踏雪野中去)'이다. 자신의 발자국이 후세 사람들의 이정표가 된다는 생각을 하면 인생을 낭비하며 시간을 의미 없이 보내지 않을 것이다. 수도자의 삶처럼 맑고 깨끗하지는 못하지만 부끄럽지 않은 인생을 살기 위해서는 항상 정신을 맑게 깨우고 양심에 어긋나지 않도록 스스로를 절제해야 한다. 인간이 가지는 한계점을 생각하면 정진하는 삶 속에서 자신은 낮춰지고 겸손해진다.

자신이 죽은 후 묘비에 어떤 글을 넣을까 생각해 본 적이 있는가? 후회가 남지 않는 삶을 살기 위해서는 어떻게 해야 할까? 첫째는 지금까지 해보지 못한 일들을 해보는 것이다. 둘째는 가족들과 가까운 사람들에게 항상 격려하고 사랑을 표현하는 것이다. 그리고 한 걸음 나아가 후세의 사람들에게 의미 있는 것을 남겨주는 것이다.

살면서 해보고 싶은 일들을 버킷 리스트에 적은 일이 있다. 과연 모두 이루어질 수 있을까 하는 생각도 들었지만 상상하는 것만으로도 행복해졌다. 나의 버킷 리스트는 첫째, 사랑하는 사람들에게 따뜻한 말과 행동으로 현재를 감사하며 행복을 누리는 것이다. 둘째, 사람들에게 맛있는 음식을 만들어 주고 즐겁게 하루를 보내는 것이다. 셋째, 갤러리나 박물관에 내 작품과 좋아하는 작가들의 작품을 전시하고 사람들과 향유하는 것이다. 넷째, 훌륭한 제자를 키워내는 것이다. 다섯째는 사람들 모르게 남을 위해 좋은 일을 하는 것이다. 여섯째는 한 달에 두 번은 풍경 좋은 곳에서 사진도 찍고 맛있는 음식도 먹으며 삶을 풍요롭게 하는 여행을 하는 것이다.

몸이 안 좋아 병원에 누워 있었을 때였다. 좋은 때는 주변에 많은 사람들이 있지만 정작 외롭고 힘든 순간이 되면 나를 지켜주는 사람은 결국 가족밖에 없다. 가장 힘든 순간 고통을 함께 나누는 것이 바로 가족이다. 그동안 일 때문에 바쁘다는 핑계로 소홀히 한 것이 미안했다. 사랑하는 가족에게 가슴을 열고 좀 더 따뜻한 위로와 사랑을 담지 못했던 일들이 더 이상 후회로 남지 않도록 항상 마음을 표현해야겠다. 먼 미래에 가족들과 함께했던 소중한 추억과 사랑을 간직한 채 마지막 숨을 거둘 수 있다면 인생의 행복한 마침표가 될 것이다.

또 하나 나의 바람이 있다면 인생의 종착점에서는 지금까지 받은 감사한 마음을 다시 사회에 환원하고 싶다. 예술 작품을 통해 사람들과 소통하고 공감한 것을 이 땅에 흔적으로 남기고 싶다. 작품을 단순히 생계 수단으로 생각하지 않고 후세에 남겨줄 유산으로 생각한다면 작품을 만들 때 그만큼 노력과 정성을 더 쏟을 수밖에 없다. 미켈란젤로나 레오나르도 다빈치처럼 위대한 작품은 못 남기더라도 사람들의 가슴에 사랑이 스며들고 위로가 되는 따뜻한 작품이 하나쯤은 남았으면 한다.

같은 생각을 하고 그것을 나눌 수 있는 사람을 얻는 것처럼 행복한 인생은 없다. 제자를 키워낸다는 것은 자신의 가치를 공감하고 그것을 배우고 싶은 사람을 키워내어 더욱 발전시키는 것이다. 제자를 키워내는 과정을 통해 더 많은 것을 배울 수 있다. 개성에 맞게 이끌어 주고 자신의 것을 펼치게 도와주기 위해서는 나를 내려놓아야 하기 때문이다.

우리가 이 땅을 밟은 이유는 모두 각자의 역할과 주어진 사명이 있기 때문이다. 재능은 자신을 위한 도구가 아니라 사람들을 위해 사용되어졌을 때 비로소 그 가치가 더욱 빛나게 된다. 그것은 재능을 가지고 배운 사람들이 이 사회에 환원해야 하는 책임과 의무라고 생각한다. 개인과 사회가 조화롭게 성장할 때 신뢰가 싹트고 서로에게 이로운 관계를 형성하게 된다. 선대 사람들이 이룬 문명의 혜택으로 우리가 좋은 환경에서 살아가는 것처럼 우리는 후세 사람들에게 보다 나은 것을 물려줄 책임이 있다.

자신의 삶이 고달픈데도 불구하고 자신을 소재로 해서 자화상을 비롯해 많은 작품을 만든 여류 작가가 있다. 불행한 결혼생활에 주저앉지 않고 자신의 꿈을 향해 도전한 멕시코 여성 화가 프리다 칼로(Frida Kahlo)는 여성 자화상 화가로 유명하다. 그녀는 어려서부터 소아마비를 앓았고 10대에는 교통사고로 인해 척추와 자궁을 다쳐서 평생 신체적 아픔을 겪어야만 했다. 21년의 나이 차를 극복하고 디에고 리베라와 결혼했지만 그의 여성 편력으로 마음의 상처를 안고 살아야 했다. 이 고통의 시기 동안 그녀는 자신의 내면을 성찰하는 자화상을 많이 남겼고, 행복과 불행, 고통을 그림을 통해 승화시켰다.

그녀는 슬픔, 비애, 미움, 분노 등을 그림을 통해 발산하여 자신의 감정을 쏟아내고 내면을 치유받을 수 있었다. 불우한 환경 속에서 자신을 숨기기보다는 인정하고 솔직하게 드러냄으로써 사람들에게 공감을 얻고 그들은 그녀를 사랑하게 되었다. 프리다 칼로가 자신의 환경에 대해 부정적으로 생각하고 인생을 포기했다면 대중들의 사랑을 받을 수 없었을 것이다. 그녀가 아름다운 것은 일반인이라면 숨기고 싶었을 깊은 상처를 용기를 내서 그림으로 표현하여 대중과 공감하고 소통함으로써 자신을 성장시켰기 때문이다.

그녀의 작품은 나에게도 많은 영감을 주었다. 내가 경험했던 롤러코스터 같았던 상처들이 다른 사람에게 치유와 위로를 주고 공감을 줄 수 있다. 나도 할 수 있다는 용기와 희망을 줄 수 있는 것이다. 삶의 순간순간의 고비마다 내가 겪고 이겨냈던 고난들과 치유받고 다시 일어설 수 있었던 용기들이 나의 작품을 통해 고스란히 사람들에게 전달되었으면 한다. 내 작품을 통해 단 한 사람이라도 다시 일어설 수 있는 계기가 되고 살아가는 희망을 가질 수 있다면 그것으로 나는 보람을 느낄 것이다.

예술하는 사람은 자신의 작품을 세상에 남기고 싶어 한다. 시대에 앞서간 예술가들은 당대보다는 후대 사람들에게 더 많이 인정받고 사랑받는다. 작품은 그 사람이 떠나간 후에야 작가의 진정성을 평가받을 수 있다. 인생은 짧고 작품은 영원하다. 짧게 사는 인생이지만 이 땅을 밟은 것에 대해 작은 감사의 흔적을 남기고 싶은 것이 예술가의 마음이다. 사랑했던

외국인들을 위한 캘리그라피 이벤트

사람들과의 추억, 감사한 기억들과 행복, 하느님의 자비에 대한 감사와 사랑의 이야기들을 흔적으로 남기고 싶다.

자신이 사는 삶의 여정이 뒷사람의 이정표가 된다는 사실을 기억한다면 오늘 하루를 허투루 보내지 않을 것이다. 자신의 어려움이 누군가에게는 작은 용기와 희망을 줄 수 있다는 것을 깨닫는다면 마음의 그릇은 더욱 넓어지고 넉넉해지게 된다. 이 세상은 혼자 살아가는 것이 아니라 둥근 원을 그리며 살아가는 것이다. 앞선 사람들의 노고로 내가 현재의 삶을 누리고 있고, 다음 세대에도 이것을 나누어 줄 수 있다면 인생의 빚을 갚은 셈이다.

세상에서 가장 아름다운 곳에 나를 세워라

나의 꿈은 진행형이다

경희대학교의 졸업작품 전시는 '여인의 향기'를 주제로 만들었다. 딸들은 어머니의 삶을 보며 자신의 미래를 꿈꾼다. 당시 어머니의 삶은 나에게 고행하는 수도자 같이 느껴졌다. 자식 넷을 키우기 위해 새벽 4시부터 밤 10시까지 휴일도 없이 꽃 장사를 했다. 그 바쁜 와중에 단 한 번도 네 딸의 도시락을 빼먹은 적이 없었다. 아버지가 4남 3녀의 장남이니 맏며느리 역할과 함께 외가에서도 1남 5녀의 장녀 역할로 우리 집은 하루도 바람 잘 날 없었다. 어머니는 자식들에게 자신이 겪은 고생을 물려주지 않겠다고 마음을 다잡으면서 매일을 전쟁같이 사셨다.

어머니의 삶이자 곧 한국 여성의 삶을 표현하고 싶었다. 우리 어머니 세대는 처음에는 소중한 존재로 태어나 아름다운 미래를 꿈꿨지만, 현실은 황톳길에 빛바랜 고무신을 신고 살아간다. 나는 이런 여성의 삶을 주제로 담았다. 과거 한국에서의 여성의 삶은 빛바랜 고무신처럼 자신을 낮추고 가정을 위해 희생하는 삶이 모범 답안으로 여겨졌다. 한정된 자원을 가지고 선택과 집중을 해야 했기 때문이다. 딸들은 어머니의 인생을 보면서 답답해하며 나는 어머니처럼 살지 않을 거라고 이야기한다. 그것은 어머니의 희생을 통해 얻은 풍요에 대한 미안한 마음인지도 모르겠다. 시대는

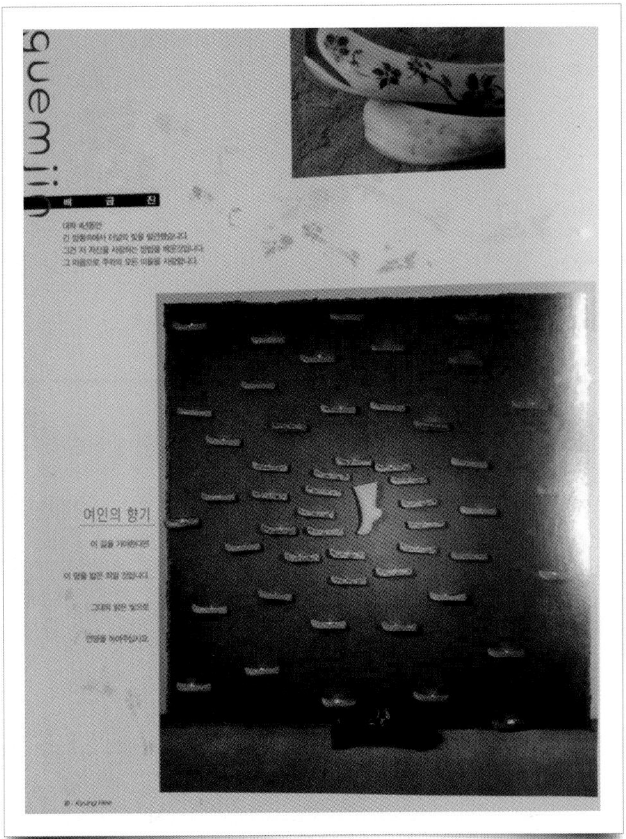

1999년 경희대학교 도예과 졸업 전시(주제 : 여인의 향기)

변했고 자식을 한둘만 가지는 환경이 되었다. 이제 자신의 인생을 송두리째 가족과 자식에게 희생하지 않고도 자신과 가족 간에 균형을 잡을 수 있는 방법을 찾게 되었다.

어머니들의 헌신 덕분에 딸들도 이제는 자신의 목소리를 내고 있다. 물론 아직도 여성들은 가정과 내조라는 고유의 영역을 벗어나지 못했지만, 여성의 사회 진출이 활발해지면서 곳곳에서 여성 친화적인 환경으로 변화하고 있다. 여성도 자신만의 색깔을 드러낼 수 있으며 자신의 능력을 인정받고 사회에 기여할 수도 있게 된 것이다. 그것은 반드시 남들에게 보여지는 삶이 아니라 자신의 내면을 충족시키고 사람들에게 도움을 줌으로써 자신의 일에 자긍심과 보람을 느끼는 것이다.

나는 30대에 현장에서 다양한 역할을 하면서 많은 경험을 했다. 사회현장에서는 수직적인 관계가 아닌 상대방을 존중하고 도움을 주며 함께 발전해 가는 리더십이 좋은 성과를 낼 수 있다. 이런 서번트 리더십은 곳곳에서 필요하며 앞으로는 이런 역량이 있는 여성들에게는 많은 기회가 주어질 것이다. 하지만 여성들은 결혼과 육아라는 현실 앞에서 주저앉게 된다. 점차 자신의 꿈과 멀어지고 스스로도 자존감이 떨어지는 무기력한 하루하루를 보내게 된다.

나는 이런 상황에 안타까움을 느끼게 되었다. 현재 안정적인 생활을 하고 있는 여성이라도 평생직장은 없기 때문에 직장을 떠나게 될 경우를 생각해야 한다. 이를 위해서 미리 준비하고 노력하는 사람에게는 언제나 기회의 창이 열려 있다. 많은 성공한 여성 창업자들의 경우가 그러했고, 나

또한 그렇게 창업을 준비했다. 그 길은 순탄치 않다. 많은 시행 착오와 경험을 통해 점점 단단해져 가는 것이다.

이제는 당신들의 차례가 왔다. 자신이 원하는 꿈을 그리고 목표를 세우고 실행한다면 시간이 걸릴지라도 당신은 그 자리에 설 수 있다. 당신이 포기하지만 않는다면 진행형이다. 성공하기 위해 혼자 열심히 한다면 빨리 도착할 수는 있지만 그 과정에서 잃는 것도 많다. 조금 느리더라도 '우리'라는 공동체와 함께한다면 인생의 깊은 맛과 즐거움을 동시에 얻을 수 있다. 행복은 사람들 사이에서 생겨나기 때문이다.

하버드대학교에서 행복에 관해 75년 동안 추적한 연구 보고서에 의하면 사람들이 꼽는 가장 행복한 삶의 요소는 바로 '사람들과의 좋은 관계'라고 한다. 사람들과의 좋은 관계가 우리를 더 행복하고 건강하게 만든다는 것이다. 관계의 양과 횟수가 중요한 것이 아니다. 중요한 것은 사람들과의 관계의 질이다. 그 밑바탕에는 '사랑'과 '인정'이라는 감정이 있다. 이것은 사람들에게 안정감을 주고 삶의 질을 높여준다.

행복은 지금 당장 실천할 수 있다. 이것은 큰돈이 드는 것도 아니고 부와 명예가 있는 사람만이 얻을 수 있는 것도 아니다. 한 번 웃는 것으로도 시작할 수 있고, 행복할 수 있다. 사람들과 인사하고 같이 식사하고 웃고 수다를 떠는 순간 행복의 감정이 있는 것이다. 자신이 행복해야 다른 사람에게도 즐거운 미소와 행복을 전해주고 사랑을 담을 수 있다. 행복은 자아존중감에서 시작되고 그것을 나눔으로써 배가 된다.

삶의 질을 높이기 위해서는 자아의 성장과 함께 가족, 이웃과 이해하고

백악미술관 서예 전시

여성 자기 계발 강의

수용하고 포용하면서 서로에게 익숙해져야 한다. 서로 다른 사람들이 자신을 내려놓고 더 가까이 다가갔을 때 큰 가치로 돌아오게 된다. 그것은 커다란 원을 만들며 서로가 서로에게 행복감을 줄 수 있는 사람이 되어주는 것이다. 서로 손잡아 주는 과정에서 신뢰감과 안정감을 주게 된다. 나의 지나온 시간을 돌아보면 많은 분들의 도움과 사랑으로 성장하고 일어설 수 있었다. 이제는 감사함을 갚고 다시 나 또한 사람들에게 선한 마음을 가지고 나누어주어야 하는 시간이 된 것이다. 시간은 돌고 돌아 사랑은 사랑으로 전해진다.

가장 아름다운 곳에 나를 세우는 것은 내 마음이 모든 것을 만들어낸다는 의미이다. 내 마음에 좋은 생각과 말과 행동으로 비옥한 땅을 만들고, 그곳에서 사람들과 함께 행복을 가꾸는 삶이 진정한 아름다움이다. 나의 손이 필요한 곳에 나의 사랑과 시간을 나누어주는 각박하지 않은 삶을 통해 풍요로워지는 것이다. 이미 지금 나의 마음 안에 모든 것이 있다. 단지 그것을 믿고 가꾸는 노력이 필요할 뿐이다. 신은 공평하게 마음을 통해 세상을 만든다. 내가 만든 비옥한 땅이 모든 사람이 비바람을 피할 수 있는 작은 안식처가 되었으면 한다.

이제는 당신의 차례이다. 비가 온 뒤에 아름다운 무지개가 뜨는 것처럼 현재 힘들다면 당신은 잘하고 있는 것이다. 그것은 한 단계씩 올라가는 성장통이고 이제 더욱 단단해질 것이기 때문이다. 주저하지 말고 실행하고 수정하면서 자신만의 삶의 궤도를 그려보길 바란다. '오늘'이라는 선물은 항상 당신을 위해 준비되어 있다.

중앙경제평론사 Joongang Economy Publishing Co.
중앙생활사 | 중앙에듀북스 Joongang Life Publishing Co./Joongang Edubooks Publishing Co.

중앙경제평론사는 오늘보다 나은 내일을 창조한다는 신념 아래 설립된 경제 · 경영서 전문 출판사로서
성공을 꿈꾸는 직장인, 경영인에게 전문지식과 자기계발의 지혜를 주는 책을 발간하고 있습니다.

원하는 삶을 사는 여성의 7가지 비밀

초판 1쇄 인쇄 | 2019년 5월 22일
초판 1쇄 발행 | 2019년 5월 27일

지은이 | 배금진(GeumJin Bae)
펴낸이 | 최점옥(JeomOg Choi)
펴낸곳 | 중앙경제평론사(Joongang Economy Publishing Co.)

대　　표 | 김용주
책임편집 | 김미화
본문디자인 | 박근영

출력 | 삼신문화　종이 | 에이엔페이퍼　인쇄 | 삼신문화　제본 | 은정제책사

잘못된 책은 구입한 서점에서 교환해드립니다.
가격은 표지 뒷면에 있습니다.

ISBN 978-89-6054-220-4(03320)

등록 | 1991년 4월 10일 제2-1153호
주소 | ㊥ 04590 서울시 중구 다산로20길 5(신당4동 340-128) 중앙빌딩
전화 | (02)2253-4463(代)　팩스 | (02)2253-7988
홈페이지 | www.japub.co.kr　블로그 | http://blog.naver.com/japub
페이스북 | https://www.facebook.com/japub.co.kr　이메일 | japub@naver.com
♣ 중앙경제평론사는 중앙생활사 · 중앙에듀북스와 자매회사입니다.

※ 이 도서의 국립중앙도서관 출판시도서목록(CIP)은 서지정보유통지원시스템 홈페이지(http://seoji.nl.go.kr)와
국가자료공동목록시스템(http://www.nl.go.kr/kolisnet)에서 이용하실 수 있습니다.(CIP제어번호:CIP2019017391)